Poirier – Die Erde – Mutter oder Rabenmutter?

Jean-Paul Poirier

Die Erde – Mutter oder Rabenmutter?

Aus dem Französischen übersetzt
von Herbert Vossmerbäumer

Mit 15 Abbildungen

 E. Schweizerbart'sche Verlagsbuchhandlung
(Nägele u. Obermiller) • Stuttgart 2003

Anschrift des Verfassers:
Prof. Dr. Jean-Paul Poirier
Institut de physique du globe de Paris
4, place Jussieu
F-75252 Paris cedex 05
poirier@ipgp.jussieu.fr

Deutsche Übersetzung:
Herbert Vossmerbäumer
Universität Würzburg
Institut f. Geologie
Pleicherwall 1
97070 Würzburg
herbert.vossmerbaeumer@mail.uni-wuerzburg.de

Titelbild:
aktiver Vulkan Piton de la Fournaise (Photo: IPGP)

© der Originalausgabe 'La Terre – mère ou marâtre?'
1998 by Éditions Flammarion
26 rue Racine, F-75006 Paris

ISBN 3-510-65206-1
© 2003 by E. Schweizerbart'sche Verlagsbuchhandlung
(Nägele u. Obermiller), Stuttgart
Alle Rechte, auch die der Übersetzung, des auszugsweisen Nachdrucks,
der Herstellung von Mikrofilmen und der photomechanischen
Wiedergabe, vorbehalten.
Gedruckt auf alterungsbeständigem Papier nach ISO 9706-1994
Verlag: E. Schweizerbart'sche Verlagsbuchhandlung (Nägele u. Obermiller),
Johannesstr. 3 A, D-70176 Stuttgart, www.schweizerbart.de, order@schweizerbart.de
Satz: DTP + Text, Eva Burri, 70437 Stuttgart
Druck: Gulde Druck, 72072 Tübingen

Printed in Germany

Inhaltsverzeichnis

Vorwort VII

Erdbeben 1
   Erdbeben in Legenden und in der Geschichte 2
   Göttlicher oder aber natürlicher Ursprung? 6
   Die sogenannten „pneumatischen" Theorien
   gaben während mehrerer Jahrhunderte den Ton an 9
   Die seismologische Wissenschaft 12
   Plattentektonik und Seismizität 14
   Kann man ein Erdbeben voraussehen? 18
   Was taugen die Vorboten? 20
   Empfinden Tiere Erdbeben im voraus? 22
   Das seismische Risiko hängt von der
   seismischen Geschichte ab 24
   Seismisches Risiko und Wahrscheinlichkeiten 26
   Falscher Alarm 29
   Die Verantwortung von Wissenschaftlern
   und jene der Obrigkeit 31
   Die Vorbeugung gegen seismische Schäden 32
   Das Erdbeben kommt – was tun? 36

Vulkane 39
   Feuerberge, Heilige Berge 39
   Vulkanische Theorien 41
   Einige berühmte Vulkanausbrüche im Mittelmeergebiet ... 44
   Der Tambora und das Jahr ohne Sommer 47
   Der Mont Pelée auf Martinique 48
   Missetaten von Vulkanen 50
   Wohltaten der Vulkane 52
   Geburt und Tod von Vulkanen 55
   Kann man Vulkanausbrüche vorhersehen? 58
   Wird ein Vulkanausbruch katastrophale Folgen haben
   oder wieder einschlafen? 60
   Die vulkanologischen Observatorien 62

Radioaktivität	67
Natürliche Radioaktivität	68
Welche Einheiten für die Radioaktivität und die natürliche Bestrahlung?	68
Das Radon-Problem	72
Schwellenwirkung und Hormesis	74
Die fossilen Atomreaktoren	79
Das Problem der radioaktiven Abfälle	81
Die Tiefenlagerung der Abfälle	85
Die Verbrennung der Abfälle	89
Klima und Inneres der Erde	91
Das Kohlendioxid und der Treibhauseffekt	93
Methan und Treibhauseffekt	96
Fossile Brennstoffe und der anthropogene Treibhauseffekt	98
Vulkane und Klima	102
Was soll man tun?	104
Das Ozon in der Stratosphäre	108
Das Ozonloch	110
Die lebenswichtigen Flüssigkeiten	114
Das Wasser	114
Bewässerung, Grundwasser-Niveaus und Flüsse	116
Wasserschutz	120
Das Erdöl	123
Die Entstehung des Erdöls	124
Die Erdölreserven	127
Die Grenze Kern – Mantel	130
Die Grenze Kern – Mantel	130
Das magnetische Feld	134
Tageslänge	137
Hot Spots, Mantelkissen, Lavaergüsse und Massensterben	139
Schlussfolgerungen	145
Literatur	151
Abbildungsnachweise	157

Vorwort

„Ich arbeite an einem Vorhaben ohne Beispiel. Und niemals wird es dazu Nachahmer geben." So lautete die Vorankündigung Rousseaus an die Leser seiner „*Confessiones*" [*Bekenntnisse*]. - Derartiges wird man bei diesem Buch nicht sagen können, selbst wenn man einmal alle Bescheidenheit beiseite legt. Es gibt nämlich inzwischen sehr viele Autoren, die sich an eine Leserschaft wenden, die von Fall zu Fall als „breites Publikum" oder als die „Gebildeten" oder als der „Kreis der interessierten Nicht-Spezialisten" angesprochen wird. Und das geschieht stets mit dem - von der jeweiligen Disziplin geprägten - Ziel, den Stand der Erkenntnisse und die jungen Fortschritte beim Verständnis der Phänomene zu vermitteln, die ihren Ursprung in der von uns bewohnten Erde haben oder hatten: Plattentektonik, Erdbeben, Vulkanausbrüche, Treibhauseffekt und Klima-Entwicklung, Luftverschmutzung, Ausbeutung der Energie-Quellen, Aussterben der Arten. So und ähnlich lauten die Themen, die sich zu vielfältiger Ausgestaltung eignen.

Es gibt keinen Mangel an Büchern, die von Wissenschaftlern geschrieben wurden oder von Journalisten oder von militanten Anhängern von Vereinigungen der Freunde der Erde, die zu einer umsichtigeren Behandlung unseres Planeten einladen und vor einer Vielfalt menschlicher Handlungsweisen warnen, die geeignet wären, diesen oder aber seine gegenwärtigen oder auch zukünftigen Bewohner zu beeinträchtigen.

Das vorliegende Buch will keinen weiteren Beitrag zu einer allgemeinverständlichen Darstellung der Erdwissenschaften liefern; noch ist ein erneutes Plädoyer zum Schutze der Erde sein Ziel. So aktuell die letztgenannte Formel auch ist, die Erde bedarf unseres Schutzes keineswegs: Über mehr als fünf Milliarden Jahre ist sie sehr gut ohne ihn ausgekommen. Und die Schäden, die wir ihr mit unserer Industrie zufügen können, sind bestenfalls kleine Kratzer, die bald verheilt wären, wenn die Menschheit erst abträte. Und das wird sie eines Tages mit Sicherheit tun. Was sind einige Millionen Jahre für die Erde? Vergessen wir also hier den Schutz der Erde, und wenden wir uns stattdessen ihren Bewohnern zu.

Die Menschheit und die Erde unterhalten eine dauernde und intensive Wechselbeziehung: die Erde ist unsere Mutter. Sie versorgt uns mit Wasser, ohne das kein Leben möglich ist. Aus ihrem Innern holen wir uns die Energierohstoffe, ohne die unser Leben recht schwierig wäre. Die Energie der Erde äußert sich aber auch in gewaltigen Wutanfällen, die Menschen morden: die Erde bebt; sie speit Feuer. Wäre sie somit eine Rabenmutter für ihre Kinder? Ist nicht auch sie es, die von Zeit zu Zeit Massensterben heraufbeschwört, vernichtet, was ihre Oberfläche bewohnt? Gerade über dieses Verhältnis zwischen der Erde und den Menschen - und seine Folgen für die Menschheit - möchte ich mich mit dem Leser unterhalten.

Die Menschen bekommen von der Erde Schicksalsschläge und Wohltaten. Wie stehen sie beispielsweise zu Naturkatastrophen? Wie haben sie in der Vergangenheit darauf reagiert? Können sie sie voraussehen, ihnen vorbeugen? Welche Vorsichtsmaßnahmen können sie ergreifen?

Märchen und alte Versdichtung lehren uns, dass sich Geschenke von Feen und Dämonen ins Negative verkehren, wenn man sich ihrer nicht weise bedient... wie aber wäre es, wenn die Menschheit die Wohltaten der Erde nicht immer optimal nützte? So erscheint es zumindest. Wasser wird vergeudet. Kohle und Erdöl werden ohne Umsicht verbrannt. Damit wird die Lufthülle mit Gas belastet, das zum Treibhauseffekt führt. Auch weiß man nicht genau, was man mit radioaktiven Abfällen machen soll. Ist die Situation wirklich so gravierend, wie die einen vorgeben? Oder sollte man eher den beruhigenden Vorschlägen der anderen trauen? Wissenschaftler und Politiker werfen sich jeweils den Ball zu: Wem soll man glauben?

In diesem Buch werde ich mich einiger dieser schwerwiegenden Probleme annehmen, sie wissenschaftlich beleuchten und dabei die Fülle der Zweifel und Ungewissheiten aufzeigen, die mit ihnen verbunden sind. Andererseits will ich sie in einen historischen Kontext stellen und früher vorherrschendes Verhalten in die Erinnerung zurückrufen. Natürlich muss auch über Risiken gesprochen werden und über ihre Wahrnehmung und ebenso über das Problem der Verantwortung. Gelegentlich werde ich nicht darauf verzichten, die persönliche Meinung eines von der Wissenschaft geprägten Mitbürgers zu äußern, ohne dabei die vernunftwidrige Hoffnung zu hegen, dass sie auf allgemeine Zustimmung stoßen wird.

Die ersten Kapitel sind Erdbeben und Vulkanen gewidmet. Deren geophysikalische Darlegung wird sich auf das zum Verständnis notwendige Minimum beschränken. Es geht um die aktuellen Probleme der Vorhersage. Ist eine solche möglich? Wie wird sie von der Bevölkerung aufgenommen? Wer soll für Alarm verantwortlich zeichnen? Und was geschieht bei falschem Alarm? Ein gewisses Maß an Vorsorge ist immer möglich, auch wenn es keine zuverlässige Vorhersage gibt.

Das folgende Kapitel behandelt die natürliche, vom Untergrund ausgehende Radioaktivität. Erzeugt sie, selbst in schwächsten Dosen, Krebs? Oder ist sie, ganz im Gegenteil, eher von heilender Wirkung? Gibt es hierbei eine Harmlosigkeits-Schwelle? Seit Milliarden Jahren ließ die Erde ihre Atomreaktoren arbeiten, und die Menschen haben diese erst viel später nachgebaut. Aber sie wissen nicht, was sie mit den radioaktiven Abfällen tun sollen, die nun im Laufe der Jahrhunderte, ja, während Millionen Jahren gefährlich werden. Welche Lösungen werden ins Auge gefasst, um uns davon zu befreien oder die Folgen zumindest auf ein Minimum zu reduzieren?

Der Mensch verbrennt die fossilen Brennstoffe, um seine tatsächlichen oder aber künstlich geschaffenen Bedürfnisse zu befriedigen. Dabei entsteht Kohlendioxid. Führt das zu einer Klimaveränderung im Sinne einer Erwärmung? Zunächst aber entsteht die Frage, was es mit dem Treibhauseffekt auf sich hat. Und das Ozonloch - wird es größer? Welches sind die möglichen Konsequenzen der menschlichen Inkonsequenz? Kann man sie vorhersagen oder ihnen vorbeugen? Die Auseinandersetzung tobt; die Wissenschaftler sind nicht immer einer Meinung, und jeder findet in ihren tröstenden Vorschlägen eine nicht immer uneigennützige Einstellung. Damit wird sich das vierte Kapitel befassen.

Wasser und Erdöl sind lebenswichtige Flüssigkeiten, die wir lange für unerschöpflich gehalten haben. Nun aber begreifen wir, dass das nicht so ist. So wird Wasser ein wertvolles Gut. Wir vergeuden es mit einer intensiven ineffektiven Bewässerung, obgleich es zur Ernährung einer wachsenden Bevölkerung unerlässlich ist. Seit altersher ist es Konfliktstoff unter den Völkern. Gibt es dazu eine Lösung? Vom Erdöl weiß man, dass es eine der Triebfedern der Geopolitik ist, und man arbeitet auf der Grundlage der geschätzten Reserven an Zukunftslösungen. Aber was sagen diese Hochrechnungen wirklich aus?

Schließlich bestehen Beziehungen zwischen dem Inneren der Erde und der Menschheit. Diese beschränken sich nicht auf die Erschütterungen, welche die Oberfläche erfassen, und auf die Energiequellen, die man aus der Erde holt. Sehr weit unter unseren Füßen, in fast 3000 Kilometer Tiefe, macht der mächtige Gesteinsmantel der Erde einem Ozean aus geschmolzenem Eisen Platz. Dort beginnt der Erdkern. Der ist, ungeachtet seiner Entfernung, nicht ohne Einfluss auf die Oberfläche des Globus. Zunächst wird dort das Magnetfeld der Erde aufgebaut, das uns vor der kosmischen Strahlung beschützt. Zudem vermuten wir in seiner Nachbarschaft den Ausgangsort von Körpern aus heißer Materie, die sich im Laufe von Millionen von Jahren langsam durch den dicken Mantel nach oben vorarbeiten, um sich dann in gewaltigen Lavaströmen an der Erdoberfläche zu ergießen. Dabei kam es zum Ausstoß von Gasen und Staubmassen, die vielleicht das Sonnenlicht abschirmen und damit zum Aussterben zahlloser Lebewesen führen. Sie sparten kleine landlebende Säugetiere aus: unsere Vorfahren. Tatsachen und Spekulationen über die Beziehungen zwischen Erdkern und dem Menschengeschlecht stehen somit schließlich beim letzten Kapitel im Mittelpunkt.

Erdbeben

Die feste Erde unter den Füßen verkörpert Beständigkeit und Stabilität; sie schlingert nicht, noch schwankt sie. Es kommt vor, dass sie sich wie bei einem Lachkrampf schüttelt, und das ist die verkehrte Welt. Erinnern wir uns der Worte des Wissenschaftsreisenden Alexander von Humboldt: „Seit unserer Kindheit hatten wir uns an den Gegensatz zwischen der Unbeweglichkeit der Erde und der Bewegung des Wassers gewöhnt; alle Zeugnisse der Sinne hatten unsere Sicherheit bekräftigt... Ein Augenblick zerstört die Erfahrung des ganzen Lebens... Wohin kann man, wenn die Erde bebt, fliehen?"

Zahlreiche Gebiete des Globus sind Erdbeben ausgesetzt, und mündliche und schriftliche Überlieferungen aus den Regionen, welche die Wiege alter Zivilisationen trugen, liefern Zeugnis unzähliger Katastrophen. Die Erdbeben sind eng mit der Geschichte der Menschheit und mit ihrer Entwicklung verknüpft. Ein bedeutsamer Teil der Weltbevölkerung ist mittlerweile in riesigen städtischen Ballungsräumen konzentriert, oft in armen Ländern, mehrheitlich zudem in Zonen mit einem starken Erdbeben-Potential. Man hat ausgerechnet, dass im Jahr 2000 fast 300 Millionen Menschen in Riesenstädten (Megalopolen) leben werden, die Erdbeben ausgesetzt sind. Sie liegen zu 80 Prozent in den Ländern der Dritten Welt. Das seismische tatsächliche Risiko, das bestimmte große Städte der industrialisierten Länder bedroht, nährt regelmäßig die Sensationspresse und Zukunftsromane. In Los Angeles erwartet man das „Big One". In Kobe/Japan hat man am 17. Januar 1995 die Verwüstungen gesehen, die ein insgesamt recht mäßiges Erdbeben in einer großen Stadt in einem der fortschrittlichsten Länder hinterlassen kann: mehr als 6.000 Tote, etwa 27.000 Verletzte, mindestens 100.000 zerstörte Gebäude. Die geschätzten Kosten für die Wiederinstandsetzung der wesentlichen städtischen Funktionen wurden auf 100 Milliarden Dollar geschätzt.

Seit Anbeginn der Geschichte stehen Erdbeben folglich im Mittelpunkt eines starken und kaum gleichgültigen Wissensdurstes. Haben sie einen göttlichen oder aber einen natürlichen Ursprung? Kann man sie voraussehen? Kann man sich davor schützen? Das sind die Fragen, die sich schon die Alten stellten, und deren aktuelle Bedeutung niemandem entgeht – zumindest bei den beiden letztgenannten Fragen.

Heute weiß man, dass Erdbeben im Gefolge gewaltiger Bruchvorgänge in der Tiefe der Erdkruste entstehen. An der Erdoberfläche äußern sich diese Prozesse oft in Verwerfungen. Man kann die Chronologie prähistorischer und geschichtlicher Erdbeben rekonstruieren, für die große aktive Störungen der Ausgangspunkt waren. Ingenieure beherrschen heute Techniken zum Bau erdbebensicherer Gebäude. Und wenn Häuser immer noch über ihren Bewohnern einstürzen, dann geschieht das nur zu häufig deshalb, weil die Regeln der Kunst nicht eingehalten worden sind, aus Nachlässigkeit, aus Gewinnsucht oder ganz einfach aus Armut.

Ein ganz anderes Kapitel indessen ist es, ein Erdbeben vorherzusagen, d.h. das Gebiet zu kennzeichnen, das betroffen sein wird; vorauszusehen, wann es mit welcher Intensität erschüttert wird. Das alles gibt nur Sinn, wenn man den Behörden hinreichend Sicherheit bieten kann, um kostspielige Sicherheitsvorkehrungen treffen zu können. Schließlich ist es keine Kleinigkeit, eine ganze Stadt zu evakuieren. Wir werden weiter unten sehen, dass man – ungeachtet bemerkenswerter wissenschaftlicher Bemühungen – noch weit vom Ziel entfernt ist.

Erdbeben in Legenden und in der Geschichte

Bestimmte Erdbeben haben einen dauerhaften Eindruck im Erinnerungsvermögen der Menschheit hinterlassen und zwar über Legenden oder Chroniken. Das mag daran liegen, dass sie geographische Umwälzungen auslösten, oder dass die Zahl der Opfer ausreichend groß gewesen ist, um die Zeitgenossen tief zu beeindrucken – und das selbst in Zeiten, als Kriege und Seuchen die Schmerzgrenze höher gelegt hatten. Vielleicht haben aber auch nur besondere Begleitumstände die Einbildungskraft der Chronisten beflügelt.

Die zeitlich am weitesten zurückliegenden historischen großen Erdbeben sind oft maskiert. Dank archäologischer und seismologischer Nachprüfungen kann man sie aber unter der Legende oder dem Mythos aufdecken. So haben die Seismologen die Spuren eines alten Erdbebens unter Jericho identifizieren und in ihre historischen Kataloge etwa für das Jahr 1250 v. Chr. aufnehmen können. Es scheint somit außer Zweifel zu stehen, dass der im biblischen Bericht erwähnte Fall der Mauern des alten Jericho nicht dem Trompeten-Klang zugeschrieben werden muss und dem gewaltigen Lärm, den die Armee Josuas erschallen ließ, sondern vielmehr einem – zweifellos vom Herrn geschickten – Erdbeben.

Jericho war nur eine der zahlreichen blühenden Städte des östlichen Mittelmeer-Raumes, die im Laufe von 50 Jahren, etwa um 1200 v.Chr., zerstört wurden. Damals endete die Bronzezeit. Zu dieser Zeit wurde Troja erobert, wurde Knossos zum letzten Male zerstört, ging die Zivilisation Mykenes unter. Archäologen und Historiker schreiben den Fall dieses Stadt-Staates den Invasionen der Dorier zu, die sich über den ganzen Nahen Osten ausgebreitet hatten. Der in Israel geborene amerikanische Geophysiker Amos Nur hat zahlreiche Ruinen und archäologische Fundstellen in der Region studiert und dort eindeutige Spuren starker Erdbeben gefunden. Er sieht in dem nahezu gleichzeitigen Verschwinden so vieler Zivilisations-Zentren die Auswirkungen einer großen seismischen Krise, die etwa 50 Jahre gedauert und die um 1200 v.Chr. die Anrainerstaaten des östlichen Mittelmeers erschüttert hat. Die Städte, in Ruinen gelegte und geschwächte Zentren der Macht, wären damals unausbleiblich leichte Beute für Invasoren geworden.

Die Erdbeben des Mittelmeeres hatten ihr Epizentrum unter dem offenen Meer vor Kreta. Sie lösten oft riesige (wissenschaftlich „Tsunami" genannte) Flutwellen aus, die die entferntesten Küsten verwüsteten. Das von den Chronisten der Antike am häufigsten erwähnte Erdbeben ist zweifellos jenes vom 21. Juli 365 n. Chr.. Der Heilige Hieronymus beschreibt es als „weltweit". Es verwüstete infolge der ausgelösten Flutwelle die Südküste des Peloponnes, Alexandria, die Ostküste Siziliens und zweifellos auch Dalmatien.

Dieses Erdbeben liefert ein gutes Beispiel dafür, wie sich Naturkatastrophen für politische und religiöse Propaganda nutzen lassen. Julian Apostata, der eine Restauration des Heidentums versucht hatte, war kurz vorher, 363, gestorben. Von den heidnischen Intellektuellen ist die Naturkatastrophe als Folge von Julians Tod dargestellt worden, während die christlichen Schriftsteller darin ein Zeichen für Gottes Zorn wider die Auswirkungen der Herrschaft des abtrünnigen Kaisers sahen.

1400 Jahre später, am Allerheiligen-Tag des Jahres 1755, spürte fast ganz Europa das große Erdbeben von Lissabon. Das war von einer wiederbelebten Störung im Atlantik ausgegangen. Lissabon wurde ausradiert, und 70.000 Menschen ließen dort ihr Leben. Die Reaktion auf dieses Erdbeben in der Presse und in der Literatur war beträchtlich. Auch Voltaire trug zu seiner Berühmtheit bei, als er ihm einige Zeilen im *Candide* widmete. Im übrigen nutzte er es, um mit Leibniz abzurechnen – in dem Gedicht „*Poème sur le désastre de Lisbonne ou examen de cet axiome*, *tout est bien*" [Gedicht über das große Unglück von Lissabon oder Prüfung des Lehrsatzes „Alles ist gut"], das er 1755 schrieb und 1756 veröffentlichte.

> Unselige Menschenkinder! bejammernswürdige Erde!
> Aller Todgeweihten entsetzlicher Haufe! sinnloser
> Schmerzen endloser Fortgang! ihr betrogenen Denker,
> die ihr „Alles ist gut" schreit – oh, eilt herbei und schaut
> auf die schrecklichen Trümmer, die Scherben, die Fetzen, die trostlosen Brandstätten; Frauen und Kinder
> übereinander geworfen, verstreute Gliedmaßen unter
> zerbrochenem Marmor; hundertmaltausend Unglückliche von der Erde verschlungen, blutend, zerfleischt und
> noch zuckend unter ihren Dächern begraben, ohn' allen
> Beistand in Grauen und Qual ihr trauriges Dasein endend.
> (*Übersetzung aus HELBLING & HINDERMANN, 1990: 119*)

Die großen Erdbeben ereignen sich oft an denselben Orten, und seismische Katastrophen ziehen sich wie ein roter Faden durch die Geschichte einzelner Städte. Antiochia in Syrien (das heutige Antâkya in der Türkei), Hauptstadt des römischen Orients und Sitz des Patriarchen, wurde wiederholt vollständig zerstört und wieder aufgebaut: 115, 458, 500, 526, 528, 713, 859, 972 usw.. Am 30. Juni 1170 stürzte die Kathedrale von St. Peter im Gefolge eines gewaltigen Erdbebens ein und begrub Gläubige und den Patriarchen, der gerade die Messe las, unter sich. Das geschah in der Hochzeit der Kreuzzüge, und man kann sich unschwer vorstellen, dass die islamischen Chronisten dieses Ereignis nicht schweigend verstreichen ließen.

Während der folgenden Jahrhunderte war Antiochia lediglich ein bescheidener Marktflecken. Das letzte Erdbeben von einiger Bedeutung ereignete sich dort im Jahre 1872. Wir sehen, dass diese sehr lange Ruhephase nichts Gutes ankündigt.

Messina in Sizilien und Reggio di Calabria auf der anderen Seite der Meerenge sind Schauplatz zahlreicher Katastrophen gewesen. Die Südspitze der italienischen Halbinsel war von den Griechen besiedelt worden, und man findet im Namen Reggio – auf Griechisch Rhêgion – die Wurzel des Wortes „*rhêgma*". Das bedeutet „Bruch" oder „Erdspalte". Die berühmtesten Erdbeben sind die vom 11. März 1783 (30.000 Tote) und vom 28. Dezember 1908. Letzteres kostete 50.000 Opfer. Ihm folgten bis 1913 schwächere Nachbeben.

Vor diesem Hintergrund stellt man sich oft die Frage, warum die Menschen in diesen erdbebengefährdeten Gebieten wohnen bleiben und auch am selben Orte ihre zerstörten Städte wieder aufbauen – mit der Hartnäckigkeit des Sisiphos, der seinen Felsbrocken immer wieder den Berg hinaufrollte. Gewiss kann man eine allgemeine Antwort auf der Grundlage des gesunden Menschenverstandes geben: Die Bauern sind zwangsläufig an die Scholle gebunden, die sie bebauen, und die sie ernährt. Auch die Städter haben materielle und gefühlsbetonte Gründe, am selben Ort zu wohnen ... Wohin sollten sie im übrigen gehen? Bestenfalls wechselt man nach dem Wiederaufbau den Namen der Stadt, um das schlimme Los abzuwenden. Ein Erfolg aber ist damit nicht garantiert. So wurde Orléansville in Algerien 1954 zerstört. Man benannte es um in Al-Asnam; aber auch das wurde 1980 verwüstet. Nun heißt die Stadt Ech Cheliff.

Man muss sich im übrigen bewusst sein, dass zahlreiche seismische, d.h. erdbebengefährdete Gebiete – insbesondere im Umfeld des Mittelmeeres und des Mittleren Ostens – vergleichsweise wüstenhaft sind. Wasser aber, das heißt Leben, findet man ausgerechnet im Bereich der Störungen, die die Erdbeben auslösen. Oft vermag man eine Störung bereits von weitem zu kartieren; denn sie wird durch eine Baumreihe in trockener Landschaft nachgezeichnet.

Man kann auch feststellen, dass Menschen, die mit Schadstoffen umgehen oder die, allgemein, gefährliche Berufe ausüben, sich allmählich daran gewöhnen, die Gefahr zu unterschätzen, der sie ausgesetzt sind. Sie ergreifen dann nicht mehr die unverzichtbaren Vorsichtsmaßnahmen. Entsprechend gewöhnt man sich daran, häufig kleine Erdbeben zu bemerken. Und das Leben geht weiter, zumal es selten vorkommt, dass sich ein starkes, zerstörerisches Erdbeben öfter als einmal je Generation ereignet. Der russische Forschungsreisende deutscher Abstammung Otto von Kotzebue (1788–1846) berichtet, dass die seismischen Erschütterungen in Tabriz/Iran so häufig sind, dass ihnen die Einheimischen keine Aufmerksamkeit mehr widmen. Auch die Voraussagen der Astrologen über zerstörerische Erdbeben bewirkten keine Gemütsregungen. „Das Gesamtergebnis aus Gewohnheit, Hoffnung und Verwurzelung am Geburtsort ist so einzigartig", bemerkt er, „dass sie [die Menschen] keinerlei Beunruhigungs-Symptome bekunden".

Ein noch besseres Beispiel finden wir in Palmdale/Kalifornien, in der Mojave-Wüste. Dort ist man kaum einige hundert Meter von der berühmten San Andreas-Störung entfernt. Deren Verlauf ist für das unerfahrenste Auge im Gelände sichtbar; und deren seismische Reputation ist längst bekannt. Dort ist eine neue Siedlung erbaut worden, deren Bewohner offensichtlich von der Furcht vor Erdbeben nicht abgehalten worden sind. Man erwartet das „Big One", und trotzdem geht das Leben in Kalifornien weiter.

Schließen wir diese Betrachtung ab: Kann man sich vorstellen, Tokio zu räumen? Im übrigen sollte man ganz Japan evakuieren. So sieht das Komatsu Sakyo in seinem neuen geophysikalischen Zukunftsroman. Er heißt: *„Der Untergang Japans durch Überflutung"*.

Göttlicher oder aber natürlicher Ursprung?

Die Philosophen der Antike haben für die Erdbeben natürliche Ursachen gesucht und vorgeschlagen. Aber es bestand nicht notwendigerweise ein Widerspruch zu der allgemein geteilten Auffassung, Erdbeben würden – wie alle anderen natürlichen Katastrophen übrigens auch – von den Göttern gesandt, um den Menschen irgendein bedeutendes Ereignis zu melden oder sie für irgendeine Verfehlung zu bestrafen.

Auf Kriege, auf politische oder soziale Krisen, auf den Niedergang der Sitten folgten notwendigerweise Hungersnöte, Seuchen oder aber Erdbeben. Plinius der Ältere verbrieft, dass „niemals ein Erdbeben die Stadt Rom erschüttert hat, ohne gleichzeitig irgendeine bevorstehende Katastrophe anzukündigen".

Für die alten Griechen waren Erdbeben das Werk des Poseidon. Den übernahmen die Römer als Neptun. Man stellt ihn sich meistens mit einem Dreizack vor, als Gott, der die Fluten beherrschte. Er war ursprünglich ein chtonischer, ein der Erde verhafteter Gott, Herrscher über die Tiefen und das Mineralreich: Poseidon Petraios. Homer nennt ihn „Ennosigaios", den, der die Erde erschüttert. Ihm schreibt man die Schaffung der Schlucht von Tempé zu, in der der Fluss Pénée fließt. Dadurch soll Thessalien von den Wassermassen befreit worden sein, die es überflutet hatten. Er ist es auch, der die Stadt Hélicé, in Achäa, am südlichen Ufer des Golfes von Korinth – vom Treiben ihrer Bewohner beleidigt – in einer schönen Nacht des Jahres 373 v.Chr. total zerstört haben soll. Das Pferd, Symbol unterirdischer Mächte, war mit dem Hippos-Kult des Poseidon verbunden. Es gibt eine Theorie, die in dem – eigentlich rätselhaften –

Vorfall mit dem Pferd von Troja eine symbolische Erzählung von göttlicher Intervention sieht, die Troja den Griechen mit Hilfe eines Erdbebens ausgeliefert hatte.

Ovid erzählt im 5. Buch seiner Metamorphosen die Geschichte der Proserpina, Tochter der Ceres, die in Sizilien von Pluto, dem Herrn der Unterwelt, entführt wurde: er hatte sich in sie verliebt! Am 11. Januar 1693 verwüstete ein kräftiges Erdbeben das östliche Sizilien. Dieses Ereignis suggerierte dem englischen Arzt Rober Hooke eine Interpretation der antiken Fabel. In seinem am 12. April 1693 vor der Royal Society of London gehaltenen Vortrag „*Discours of earthquakes*" [Abhandlung über Erdbeben] deutet er Proserpina als eine fruchtbare, von Blumen übersäte Landschaft, die durch die Wirkung eines furchtbaren Erdbebens von der Erde verschlungen wurde. Die schwarzen Pferde vor dem Pflug Plutos verkörpern für Hooke den schwarzen Rauch, der aus der Erde emporstieg.

Die Erdbeben könnten auch das Werk des Teufels sein. Und bisweilen versucht man, sie mit Exorzismen zu beschwören… In Issime in Piémont gingen im Jahre 1600 die Erdstöße ungeachtet der Exorzismen weiter. Im Folgejahr strengte man vor dem Tribunal in Aosta einen Prozess gegen die unterirdischen Dämonen an, die man für die Katastrophe für schuldig hielt. Jüngere Arbeiten haben gezeigt, dass das vorgebliche Erdbeben in Wirklichkeit ein Bergsturz war, was die Hypothese einer diabolischen Intervention selbstverständlich in nichts widerlegt.

Schon in der Antike gab es Gemüter, die den übernatürlichen Erklärungen widersprachen. Der Philosoph Seneca warnt den Leser der *Naturales Quaestiones*: „Man tut auch gut daran, sich im voraus klar zu machen, dass die Götter keine Schuld an diesen Ereignissen tragen, und dass die Erschütterungen des Himmels und der Erde nicht die Auswirkungen ihres Zornes sind."

17 Jahrhunderte später stimmt ihm Kant zu und bemerkt, dass es ein großer Irrtum sei zu glauben, die Städte seien zur Bestrafung ihrer Vergehen von Erdbeben zerstört worden. Und es sei recht anmaßend vorzugeben, die Vorhaben Gottes herauszufinden.

Die Bibel erwähnt Erdbeben häufig, um den Gedanken von der Macht des Herrn zu verbreiten. Das Matthäus-Evangelium berichtet, dass die Erde im Augenblick des Todes Christi bebte. In der Offenbarung des Johannes begleitet ein Erdbeben das Erbrechen des sechsten der sieben Siegel des Buches und kündigt den „Tag des Zornes" an. Die Sure XCIX des

Korans trägt den Namen *az zalzala* (Erdbeben). Sie mahnt die Gläubigen, dass das jüngste Gericht nahe bevorsteht, „wenn die Erde von Beben erschüttert werden wird". Im übrigen trifft man in der Beschreibung reeller Erdbeben durch jüdische und arabische Chronisten gar nicht selten auf Klischees, die direkt der bildhaften Sprache der Bibel oder des Korans entstammen: „Die Berge hüpften wie die Lämmer // die Hügel wie die jungen Schafe" (*Psalm CXIV*) oder „Die Erde warf ihre Lasten zurück" (*Sure XCIX*).

Der Heilige Philaster, Bischof von Brescia in der Lombardei, begnügte sich nicht damit, in den Erschütterungen der Erde eine Handlung Gottes zu sehen. Vielmehr zog er gegen die zu Felde, die anders dachten. In seinem zwischen 383 und 393 geschriebenen Buch „*Liber de haeresibus*" [Buch über die ketzerischen Abweichungen von der Kirchenlehre] erfasst er 156 Ketzereien oder Irrmeinungen. Die 102. besteht darin – wie es gewisse philosophische Hohlköpfe tun –, den Erdbeben einen natürlichen Ursprung zuzugestehen, statt darin ein Wunder zu sehen, Zeichen göttlichen Zornes. Das läuft darauf hinaus, die Allmacht Gottes zu leugnen. Allein, es ist wahr, glaubt man dabei dem Kardinal Bellarmin, dass Philaster „sich bisweilen täuscht, wenn er das für einen Irrtum hält, was keiner ist".

Nach dem 1755er Erdbeben von Lissabon erging sich der Jesuit Gabriel Malagrida in Verwünschungen gegen die Ungläubigen, die behaupteten, das Erdbeben sei ein natürliches Ereignis; denn „wenn das wahr wäre, brauchte man nichts zu bereuen". Der Herzog von Pombal, mit dem Wiederaufbau Lissabons betraut, war auf diesem Ohr taub. Er verlangte vom Nuntius des Papstes, den zersetzenden Reden des Jesuiten ein Ende zu setzen. Daraufhin wurde der vor ein Inquistionsgericht gestellt, der Haeresie überführt und hingerichtet.

Am anderen Ende der zivilisierten Welt sahen die Chinesen diese Angelegenheiten, bei Licht betrachtet, deutlich anders: Sie betrachteten den Umsturz der natürlichen Ordnung, den ein Erdbeben immerhin darstellt, als einen Hinweis darauf, dass der Kaiser sein Mandat des Himmels verloren hatte. Noch heute wäre es ohne Zweifel schwierig, in Peking den Mann auf der Straße davon zu überzeugen, dass das Erdbeben von Tangshan, ungefähr 200 Kilometer östlich der Hauptstadt, nichts mit dem Tod des Großen Führers Mao Tsetung zu tun hatte. Das Erdbeben am 27. und 28. Juni 1976 kostete, geschätzt, mehr als 650.000 Menschenleben. Mao Tsetung starb sechs Wochen später.

Die sogenannten „pneumatischen" Theorien gaben während mehrerer Jahrhunderte den Ton an

Wir wollen zu den Theorien einer natürlichen Entstehung von Erdbeben zurückkehren. Für alle Philosophen der Antike war der unterirdische Bereich hohl, voller Höhlen, und dabei war es gleichgültig, welches Element (Erde, Wasser, Luft oder Feuer) sie zur Entschlüsselung der Natur bevorzugten. Seneca lässt in seinen *Naturales Quaestiones* die wesentlichen Theorien der Philosophen Revue passieren, die – je nach Autor – auf dieses oder jenes Element Bezug nahmen oder auch, wie bei Epikur, auf alle vier gemeinsam.

Natürlich aber war es die von Aristoteles in seiner *Meteorologica* dargelegte Theorie, die den größten Erfolg gehabt hatte. Die Erde enthält Feuchtigkeit. Die geht auf den Regen zurück. Wenn diese Feuchtigkeit durch die Sonne erhitzt wird, entsteht Wind. Aristoteles schreibt: „Daher ist die Ursache von Erdbeben weder das Wasser, noch die Erde, sondern der Wind (pneuma). Dieser erzeugt sie, wenn die äußere Ausdünstung („Brodem") in das Innere strömt." Die aristotelische (Druck-)Luft-Theorie wird von Plinius in seiner *Naturalis historiae* aufgegriffen, dann von Isidore von Sevillia paraphrasiert, auch von Beda dem Ehrwürdigen und allen Kompilatoren des Mittelalters, so dass sie durch die Jahrhunderte unbestritten dominieren kann.

So vergleicht Shakespeare, auch er ein Spiegel der Gedanken seiner Zeit, die Erdbeben auf bildhafte, wenn nicht elegante Art mit den in Darmkrämpfen der Erde begründeten Ausdünstungen. In seinem *Heinrich IV* prahlt Glendower „Zur Stunde der Geburt – erzitterte der Erde Bau und Gründung wie eine Memme". Und Hotspur (Percy) antwortet ihr:

> „Ei, sie hätt's auch getan
> zur selben Zeit, hätt' Eurer Mutter Katze nur
> gekitzt, wenn Ihr auch nie geboren wärt".
> Und er erläutert:
> „Die krankende Natur bricht oftmals aus
> in fremde Gärungen; die schwangre Erde
> ist mit 'ner Art von Kolik oft geplagt,
> durch Einschließung des ungestümen Windes
> in ihrem Schoß, der, nach Befreiung strebend,

Altmutter Erde ruckt und niederwirft
Kirchtürm' und moss'ge Burgen"
(*Heinrich IV, T.1, Akt 3, Szene 1; Übersetzung von A.W.Schlegel*)

Aber lassen wir Plinius zu Wort kommen (in der Übersetzung von König, 1973):
„Dass Winde die Ursache von Erdbeben sind, möchte ich nicht in Zweifel ziehen. Nur dann nämlich bebt die Erde, wenn das Meer still und die Atmosphäre so ruhig ist, dass selbst die Vögel nicht schweben können, da der sie tragende Luftzug völlig fehlt; und nur nach einem Sturme, wenn der Wind sich gleichsam in den Adern und versteckten Höhlen der Erde verborgen hat. Und nicht anders ist das Beben in der Erde als der Donner in den Wolken und ein Erdriss ist nichts anderes als wenn ein Blitz hervorbricht, indem die eingeschlossene Luft kämpft und sich gewaltsam zu befreien sucht."

Es ist faszinierend zu sehen, wie die Verbindung zwischen Erdbeben und Meteorologie die Jahrhunderte in der menschlichen Vorstellungskraft überlebt hat: die Kalifornier sprechen von Erdbeben-Wetter und meinen damit Schwüle und beklemmende Windstille, ohne den geringsten Windhauch. Nichts anderes sagte Plinius.

Die chinesischen Theorien unterschieden sich nicht wesentlich. Und der große Kenner chinesischer Wissenschaft, Joseph Needham, hält fest, dass es wirklich frappierend ist, die Bedeutung der Wind-Theorien in den griechisch-römischen und der chinesischen Zivilisation festzustellen. Die „*Historischen Aufzeichnungen*" (Shi ji), um 90 v.Chr. geschrieben, erklären Erdbeben als Ergebnis einer Umkehrung des qi von Himmel und Erde und der Einsperrung des qi. Nun aber kann man „qi" nicht besser übersetzen als mit „pneuma".

Eine Variante der pneumatischen Theorie sah den Anlass für Erdbeben in den „unterirdischen Feuern". Die Entzündung von Brennbarem, von Schwefel, Salpeter oder Bitumen in unterirdischen Hohlräumen sollte zu Explosionen führen, deren Luftstrom die Erde erbeben ließe – genauso wie das bei Minen zur Erstürmung von Festungen der Fall ist. Das war der Standpunkt von Jérôme Cardan im 16. Jahrhundert, den Gassendi aufgegriffen hat: „Es erscheint mehr als wahrscheinlich, dass Erdbeben häufig durch plötzliches Entflammen von irgendwelchen schwefligen oder bituminösen Exhalationen entstehen sollten. Dieses breitet sich spontan und raumgreifend aus und fängt, mit Salpeter vermischt, in den unterirdischen Höhlen Feuer, die nicht sehr weit von der Oberfläche entfernt sind". Descartes greift diesen Gedanken in seinen *Les Principes le la Philosophie*" auf, ebenso wie Buffon und Kant ein Jahrhundert später.

Dieselben unterirdischen Höhlen speisten auch die Vulkane, und die Tatsache, dass Vulkane und Erdbeben geographisch häufig eng beisammen vorkommen, führte zu einer Konfusion, die bis zum Ende des 19. Jahrhunderts anhielt. Im Jahre 1668 sieht Robert Hooke, obgleich in vieler Hinsicht ein Vorläufer der modernen Geologie, Erdbeben als Ursache für die Heraushebung von Vulkanen.

Im Jahre 1867 schreibt der Geograph Elisée Reclus in seinem Lehrbuch „*Die Erde*": „Dem Verstand drängt sich immer der Vergleich auf, die Schlote der Vulkane seien ihre Sicherheitsventile. Sind diese Öffnungen nun verstopft, dann erschüttern die Schichten [...] der Erdkruste, weil die eingeschlossenen Dämpfe und Laven einen Ausweg suchen. Diese Theorie hat den Vorzug, einfach zu sein, und sie könnte in einer gewissen Zahl von Fällen mit den beobachteten Phänomenen in befriedigender Art und Weise in Einklang stehen. Aber so wahrscheinlich diese Hypothese für die Vulkangebiete auch immer erscheinen mag, so weit ist sie doch noch davon entfernt, zur Gewissheit zu werden." Reclus sah das richtig: bestimmte Erdbeben sind tatsächlich vulkanischen Ursprunges, in gewisser Weise mit dem Brodeln beim Bleigießen vergleichbar; aber das kann man nun wahrlich nicht verallgemeinern.

Noch im Jahre 1888 verteidigte der bedeutende Mineraloge Daubrée eine Theorie, die Aristoteles nicht verleugnet hätte: „In den Tiefen gestörter Gebiete finden wir [...] Höhlen, Wasser und eine hohe Temperatur und damit ein Agens, das zu einem gegebenen Zeitpunkt in der Lage ist, die gewaltigsten dynamischen Auswirkungen zu erzeugen. [...] Kurz, die Erdbeben in Gebieten ohne Vulkanismus sollten im Gefolge von Auswirkungen einer Art vulkanischer Eruption in Erscheinung treten, die die Oberfläche nicht erreichen kann, und sie scheinen, wie auch in vulkanischen Gebieten, von einer einzigartigen Ursache abzuhängen: Wasserdampf, der von der ungeheuren, in den Tiefen der Erde erworbenen Heizkraft erzeugt wird".

Will man bei der Liste der Wandlungen der Ideen Stagirite's Vollständigkeit erreichen, muss man auch die Theorien erwähnen, die auf die irdische Elektrizität und das elektrische Fluidum Bezug nehmen, das, wie die Winde bei Aristoteles, die Erde beben lassen sollte, wenn es zu entweichen sich bemüht. Im Jahre 1787 wurde sogar vorgeschlagen, metallische Stangen in den Boden zu rammen, um dem Fluidum eine Abflussmöglichkeit zu geben, damit „Scheinerdbeben" entstehen sollten. Diese im 18. Jahrhundert, im Trend der Elektrizität(sforschung), aufgekommenen Gedanken haben hier und da bis zum Ende des 19. Jahrhunderts überlebt.

Der Bestand der aristotelischen pneumatischen Theorie der Erdbeben-Entstehung – wenngleich in verschiedenen Varianten – über 23 Jahrhunderte ist wahrscheinlich ein einmaliger Fall in der gesamten Wissenschaftsgeschichte: sie war falsch, aber intellektuell verführerisch, und schließlich wahrte sie den Schein. Man wird Montessus de Ballore (den wir weiter unten vorstellen werden) zustimmen, der es so formulierte: „Somit hat der Einfluss des Aristoteles in der Seismologie vielleicht länger vorgehalten als in jeder anderen Disziplin des menschlichen Denkens."

Schließlich wäre es ziemlich erstaunlich gewesen, hätte man nicht versucht, den Einfluss der Gestirne zu bemühen, um das Auftreten von Erdbeben zu erklären und vorherzusagen. In der Tat gab es bis zum Ende des letzten Jahrhunderts viele, die bestrebt waren, auf der Grundlage von Erdbeben-Listen und astronomischen Beobachtungen Beziehungen herzustellen. Im Jahre 1880 konnte man noch in der Zeitschrift NATURE aus der Feder eines gewissen J. Delauney lesen: „Aus einer von uns der Akademie der Wissenschaften vorgestellten Arbeit geht hervor, dass der größere Teil der Phänomene der kosmischen und der terrestrischen Meteorologie dann in Erscheinung tritt, wenn die Planeten Meteor-Schwärme passieren. Das Studium der Erdbeben hat uns dazu veranlasst, diesen bedeutsamen Grundsatz auszudrücken". Wohlan, dieser „bedeutsame Grundsatz" sollte bald durch das Erscheinen der wissenschaftlichen Seismologie ausgelöscht werden.

Die seismologische Wissenschaft

Im Jahre 1906 erschien, kurz nach dem berühmten Erdbeben von San Francisco, ein Buch mit dem Titel „*Die Erdbeben, seismologische Geographie*". Autor war Fernand de Montessus de Ballore, ein Absolvent der École polytechnique, der später nach Chile auswanderte, wo er als Begründer des nationalen seismologischen Dienstes verehrt wird. Er erklärt in diesem Buch die geographische Verteilung von Erdbeben mit Hilfe von geologischen Strukturen und den Verstellungen der Kruste.

Man könnte von dem Stand des Wissens der damaligen Zeit nicht besser Rechenschaft ablegen als mit einem Zitat aus dem von dem Geologen Albert de Lapparent geschriebenen Vorwort: „Wenn jemand vor etwa 25 Jahren auf den Gedanken gekommen wäre, ein dickes Buch über die geographische Verteilung von Erdbeben zu schreiben, dann kann man davon ausgehen, dass es kein Verleger gewagt haben würde, die Risiken einer solchen Publikation zu tragen. Niemand, zumindest in Frankreich nicht, hätte begriffen, dass man seine Aufmerksamkeit auf eine Ordnung von Phänomenen richten wollte, von denen unser Land vermeintlich nichts zu befürchten hatte. Damals hätte man in unserem Lande auch nur mit Mühe eine Apparatur auftreiben können, um Erdstöße registrieren zu können. Auch die Schirmherrschaft der Geologen hätte bei einem solchen Versuch wahrscheinlich gefehlt; denn die herrschende Meinung besagte, dass der Auslöser für Erdbeben ganz einfach in unterirdischen vulkanischen Explosionen zu suchen war; und eben erst begannen einige führende Köpfe, einen Zusammenhang zwischen diesen Phänomenen und den allgemeinen Bedingungen, die das Gleichgewicht der Erdkruste bestimmen, zu mutmaßen. Heute haben sich die Dinge beachtlich verändert. Die Öffentlichkeit ist ergriffen, schockiert durch eine Reihe von aufsehenerregenden Nachrichten. Dadurch haben die Europäer begriffen, dass die Gefahr nicht nur vor ihren Toren verharrte, sondern es auch nicht unterließ, unter Umständen ihr Gebiet zu erobern. Da ist zunächst Andalusien, das als erstes Land, gegen Ende 1884, eine Kostprobe davon bekam. Dann hat die Côte d'Azur 1887, mitten im Karneval, Bekanntschaft mit dieser Geißel gemacht, die sie für sich als ignorierenswert betrachtet hatte. […] Und siehe da, einige Wochen später wurde Kalabrien, das bereits wiederholt so stark geprüft worden war, wie 1783 zu einem Todesacker und Ruinenfeld. Auf diese Weise haben die Ereignisse dafür gesorgt, dass ein Thema, dem noch vor kurzem bestenfalls Spezialisten ihre Aufmerksamkeit gewidmet hatten, eine derartige Aktualität bekam, dass ein ausschließlich diesem Stoffgebiet gewidmetes Buch auftauchen kann, und das nun auch ein breiteres Publikum anspricht".

Die Geburt und die schnellen Fortschritte der Seismologie als Wissenschaft, gegen Ende des 19. und zu Beginn des 20. Jahrhunderts sind also vielleicht doch nicht ganz unabhängig von der Meinungsbildung, die von einer Folge (augenscheinlich zufälliger) verwüstender Erdbeben in europäischen Ländern beeinflusst und gesteuert worden ist.

Damals erst setzte sich die Theorie durch, die seither niemals in Zweifel gezogen werden konnte: Erdbeben sind, in ihrer großen Mehrheit, tektonischen Ursprunges. Das heißt, sie gehen auf mechanische Spannungen in der Erdkruste zurück, die sich schließlich bruchhaft in einer Schwächezone freisetzen. Das geschieht im allgemeinen an einer Störung, die bereits vorher aktiv gewesen ist. Die erste Publikation dieses Gedankens muss man dem japanischen Geologen Koto zuschreiben. Den hat eine Untersuchung der Auswirkungen, die das große Erdbeben von Mino-Owari (28.10.1891) im Gelände hinterlassen hatte, dazu veranlasst zu schreiben: „Man kann mit Sicherheit behaupten, dass das plötzliche Entstehen der großen Störung von Neo die tatsächliche Ursache für das große Erdbeben gewesen ist." Das Erdbeben von Mino-Owari wird allgemein als Startschuss für die moderne Seismologie verstanden. Das erste mechanische Modell für Erdbeben wurde wenig später von dem Amerikaner Reid vorgestellt – im Gefolge seiner Untersuchungen zum Erdbeben von San Francisco (18. April 1906).

Plattentektonik und Seismizität

Die einigende Theorie der Erdwissenschaften ist unter der Bezeichnung „Plattentektonik" bekannt. Sie hatte ihren Aufschwung am Ende der 60er Jahre genommen. Hinfort ließen sich Erdbeben im geowissenschaftlichen Zusammenhang erklären.

Es möge hier genügen, daran zu erinnern, dass der äußere, mehr oder weniger starre Teil der festen Erde, 100 bis 150 Kilometer mächtig, in ein halbes Dutzend größerer „Platten" zerlegt ist. Einige davon präsentieren sich im wesentlichen kontinental, andere ozeanisch. Ozeanboden entsteht an den (Mittel)ozeanischen Rücken und zwar durch Erstarrung von „Laven", die der Aufschmelzung des darunter liegenden Mantels entstammen. Die Erde expandiert nun aber nicht. Folglich gibt es Kompensation zwischen der an den Rücken gebildeten Fläche der ozeanischen Platte und jener, die in Subduktionszonen verloren geht, dort nämlich, wo sich die ozeanischen unter die kontinentalen Platten schieben. Die Platten bewegen sich also an der Oberfläche der Erde relativ zu einander, wenn auch sehr langsam (einige Zentimeter pro Jahr). Sie bewegen sich von einander fort, sie nähern sich, oder sie gleiten an einander vorbei; Ozeane entstehen, andere verschwinden, so wie es Wegener ab 1912 richtig gesehen hatte: die Kontinente wandern, und ihre Kollisionen führen zu Gebirgen.

Die stärkeren Beben haben generell an den Störungen der Subduktionszonen stattgefunden. Das trifft für Japan zu, in Indonesien, auch in Chile. Sie haben ihren Ursprung auch an den großen Horizontalverschiebungen: Störungen zwischen den Platten, für die die San Andreas-Fault in Kalifornien, zwischen Pazifischer und Nordamerikanischer Platte, ein berühmtes Beispiel ist. Sie entstehen auch innerhalb von Platten. Dazu zählt die Altyn-Tagh-Störung, die China über Tausende von Kilometern durchzieht.

Die zwei Blöcke auf dieser oder jener Seite der Störung neigen dazu, sich relativ zu einander zu verschieben. Dieser Versatz kann allerdings nur ruckweise erfolgen: die Kruste verformt sich und speichert dabei elastische Energie in der Nähe der Störung. Dieser Vorgang endet schließlich abrupt in einer begrenzten Zone, wobei die gespeicherte Energie freigesetzt wird: das ist das Erdbeben. Ein großer Teil der Energie wird in Form niedrigfrequenter Schallwellen (in der Größenordnung von Hertz) freige-

Abb. 1: Weltraum-Aufnahme der AltynTagh-Störung, einer linkshändigen („sinistralen") Blatt- oder Horizontalverschiebung kontinentalen Ausmaßes. Sie verläuft nördlich des Himalaya zwischen Tarim- und Tibet-Block bzw. zwischen Nord- und Südchinesischem Block (Quelle: Tapponnier).

setzt, die sich in der Erde ausbreiten und auf ihrem Weg Gebäude erschüttern lassen.

Die durch ein großes Erdbeben freigesetzte Energie liegt etwa in derselben Größenordnung wie jene, die durch die Explosion von einigen hundert Atombomben des Hiroshima-Typs ausgelöst würde. Das mag bemerkenswert erscheinen, und ist es, lokal, auch in der Tat, denn die Energie wird schlagartig freigesetzt. Nichtsdestoweniger kommt man auf knapp zwei Milliwatt pro Quadratmeter, wenn man über die Gesamtfläche der Erde und über zahlreiche Jahre integriert und den Mittelwert der durch Erdbeben freigesetzten Energie in Betracht zieht. Das ist nicht viel im Vergleich zu den 80 Milliwatt/m^2 Wärme, die wir durchschnittlich aus dem Inneren der Erde beziehen.

Die Stärke eines Erdbebens wird nach der Amplitude der Bodenbewegungen berechnet. Diese werden von Seismographen aufgezeichnet und korrigiert, um die Abnahme der Amplitude bei zunehmender Entfernung zum Epizentrum zu berücksichtigen. So nennt man den senkrecht über dem Erdbebenherd (oder der tiefen Bruchzone) gelegenen Bereich der Erdoberfläche. Die Stärke wird mit verschiedenen logarithmischen Skalen – die Richter-Skala ist nur eine davon – markiert. Sie kennzeichnet das Erdbeben. Man kann sie mit der unmittelbar auf ein Beben folgenden relativen Bewegung zweier Schollen (auf beiden Seiten einer Störung) in Beziehung setzen. Man kann diese Verbindung auch zur freigesetzten Energie herstellen (eine Erhöhung um einen Magnituden-Punkt entspricht einem Energie-Zuwachs um den Faktor 30). Es gibt bei den Stärke-Skalen keine obere Grenze; aber es gibt eine physikalische Grenze für die Kräfte, die die Kruste aushalten kann, ohne zu brechen. Daraus ergibt sich, welche Skala man auch immer verwendet, dass die stärksten Erdbeben kaum jemals Stärken nahe 8 oder 8,5 überschreiten.

Die Stärke darf nicht mit der Intensität verwechselt werden. Letztere wird mit einer qualitativen Skala von I bis XII angegeben. Sie wird für einen gegebenen Ort nach den Auswirkungen oder Schäden bestimmt, die das Erdbeben hervorgerufen hat. So ordnet man beispielsweise der Intensität den Wert IV zu, wenn Hängelampen hin und her schaukeln, wenn Zeugen Vibrationen wie die bei der Vorbeifahrt eines schweren Lastwagens spüren, oder wenn das Geschirr in den Schränken aneinanderstößt. Die Intensität VIII wird durch das Umknicken von Schornsteinen, Türmen, Minaretts und das Einstürzen von Kirchengewölben charakterisiert. Bei der Intensität XII schließlich ist die Zerstörung vollstän-

Plattentektonik und Seismizität 17

Abb. 2: Spitak (Kleiner Kaukasus): Am 7.12.1988 zerstörte ein Erdbeben der Stärke 6,7–6,9 diese Stadt und umliegende Dörfer vollständig. 30.000 Menschen starben. Schwere Schäden entstanden in einem Gebiet von 100 km Durchmesser. Die Ursache für die Erdbeben in diesem Gebiet ist in der seit Millionen Jahren andauernden Nordwanderung der Afrikanischen und Arabischen Platten zu sehen und in der daraus resultierenden Kompression im Großraum des Kaukasus. – Aus MASURE (1989: 8, Abb. 1).

dig, und selbst in der Landschaft ist das Oberste zuunterst gekehrt. Die Intensität ist somit nicht für ein Erdbeben bezeichnend; sie hängt von der Entfernung zum Epizentrum ab.

Bei im übrigen völlig identischen Gegebenheiten ist die Intensität im Epizentrum um so stärker, je größer die Magnitude ist; aber sie hängt auch von der Herdtiefe und den örtlichen geologischen Gegebenheiten ab. So wird die epizentrale Intensität – bei einer gegebenen Magnitude –

stärker sein, die Schäden somit bedeutungsvoller, wenn der Herd nahe unter der Oberfläche liegt (eher einen als einige zehn Kilometer), oder wenn der Untergrund schlecht verfestigt ist (Sand, Aufschüttungsgebiet usw.). Das Erdbeben, das San Francisco 1989 erschüttert hat, rief die stärksten Schäden in der Marina-Zone hervor, in einem dem Meer abgetrotzten Landstreifen.

Kann man ein Erdbeben voraussehen?

Es ist schön und gut, und es kann auch sehr nützlich sein, ein Erdbeben zu beschreiben, sobald es sich ereignet hat. Die wesentliche Frage aber bleibt, ob man es voraussehen kann. Kann man die zukünftigen Erdbeben voraussehen? Zunächst aber einmal die Frage: was bedeutet „voraussehen" oder „vorhersagen" im Falle eines Erdbebens.

Für die alten Griechen war das alles relativ einfach. Ein Philosoph der Stadt kündigte an, dass ein Erdbeben in einigen Tagen stattfinden werde. Man glaubte das oder auch nicht. Wenn nun nichts passierte, selbst, wenn die Bürger im Freien geschlafen hatten, war das keine große Geschichte. Der Prophet war eine Zeit lang diskreditiert, und man sprach nicht länger davon. Wenn sich aber einmal eine Vorhersage bewahrheitete, schrieb man ihren Erfolg einer göttlichen Erleuchtung zu. Und das sollte sich von Zeit zu Zeit schon einmal ereignen, zumal Griechenland häufiger Erdbeben ausgesetzt ist.

So berichtet Plinius, dass „der Physiker Anaximander von Milet eine Eingebung hatte, die – falls wir dem im Umlauf befindlichen Gerücht Glauben schenken – bewundernswert und einer ewigen Erinnerung würdig wäre, als er den Lakedämoniern (Spartanern) ankündigte, sie müssten auf ihre Stadt und ihre Häuser achtgeben, weil ein Erdbeben drohend bevorstehe. Und in der Tat wurde die ganze Stadt [Sparta] auf den Kopf gestellt...". Und weiter unten vermerkt er: „Man schrieb dem Pherecydos, dem Lehrer des Pythagoras, eine andere, gleichfalls göttliche Voraussage zu: Er entnahm einem Brunnen Wasser und sagte anhand dessen ahnungsvoll voraus, dass sich an diesem Ort ein Erdbeben bemerkbar machen werde". Im letztgenannten Falle ist es wahrscheinlich, dass der Philosoph bemerkt hatte, dass das Brunnenwasser getrübt war. Das kann bisweilen als ein Vorläufer eines Bebens betrachtet werden. Die Wasserverhältnisse werden nämlich häufig im Verlauf eines Erdbebens durcheinander gebracht.

Cicero äußert in seiner Abhandlung *De Divinatione* im übrigen die Ansicht, dass „Pherecydos weniger den Titel eines Sehers als den eines Physikers verdiene".

Wie dem auch immer sei, der Erfolg dieser Art von Vorhersage war, wie zu vermuten ist, eher eine Ausnahme. Im 16. Jahrhundert notiert Georg Bauer, genannt Agricola, ein Begründer der modernen Geologie, dass alle diese vermeintlich vorauslaufenden Indikatoren, einschließlich der Trübung von Brunnenwasser, in Wirklichkeit auftraten, wenn das seismische Phänomen schon längst begonnen hatte. Ohne zu zögern, behauptete er: „Es gibt keinen sicheren Hinweis auf ein zukünftiges Erdbeben" [terraemotus futuri nullum certum signum].

Heute sprechen die Erdbebenforscher („Seismologen") von Vorboten. Das sind Informationsträger oder geophysikalische Mess- und Beobachtungs-Ergebnisse, die daran denken lassen, dass ein Erdbeben an einem gegebenen Ort mehr oder weniger kurzfristig stattfinden kann. Man unterscheidet somit kurzfristige Vorboten (mit einer Fälligkeit in der Größenordnung eines Tages oder eines Monats) von langfristigen, die größenordnungsmäßig ein Jahr oder Jahrzehnte vorher auftreten können.

Die langfristigen „Vorboten" sind zur Planung einer vorsorgenden Politik dienlich und auch zu einer von Gefühlszwängen freien Aufstellung von Plänen für den Ernstfall. Selbstverständlich nützen auch die kurzfristigen Indikatoren, die nun aber den für die öffentliche Sicherheit verantwortlichen Behörden einen deutlichen und unmittelbaren Nutzen bringen. Noch muss man hierbei hinreichend gläubig sein, um weitreichende Entscheidungen treffen zu können.

Nun gibt es zahlreiche kurzfristige Voranzeiger, die für jedermann spürbar sind. Dazu gehören u.a. Schwärme gering-energetischer seismischer Erschütterungen oder auch die Störung von Quellen und Brunnen. Andere sind nur über geodätische Messungen oder mit Hilfe geeigneter Messinstrumente zu erfassen. Dazu zählen leichte Boden-Veränderungen oder Änderungen des Magnetfeldes oder des umgebenden elektrischen Feldes. Aber keiner dieser Indikatoren erlaubt, für sich genommen, die Bestätigung, dass ein Erdbeben nun auch stattfinden wird. In Wirklichkeit erweist sich der Wert eines Voranzeigers erst im Nachhinein, wenn der Hauptschock stattgefunden hat.

Die Erkennung und Entzifferung kurzfristiger Vorboten macht somit eine kontinuierliche Beobachtung notwendig. Zudem sollte man die Gebiete, in denen langfristige Vorboten eines Tages ein Erdbeben erwarten lassen, mit allen möglichen wissenschaftlichen Geräten ausrüsten. Dennoch ist man, ungeachtet gewaltiger Anstrengungen in diese Richtung, noch nicht soweit, Vorboten mit allgemeiner Aussagekraft zu erkennen. Tatsächlich kann ein Vorbote, der sich bei einer Gelegenheit als verlässlich erwiesen hat, beim nächsten Mal entweder fehlen oder sich als wenig nützlich erweisen.

Was taugen die Vorboten?

Ein lehrreiches Beispiel für den ersten der oben genannten Fälle erhalten wir aus China. Am 4. Februar 1975 hat ein Erdbeben die Stadt Haicheng in der Provinz Liaoning erschüttert. Während der zwei vorausgehenden Monate hatte man Schwärme seismischer Erschütterungen beobachtet, die von den Experten als Vorboten gewertet worden waren. Als sich die Schocks am 1. Februar verstärkten, beschlossen die Behörden die Evakuierung der Bevölkerung. Das wesentliche seismische Hauptereignis folgte drei Tage später. Und es gab, dank der durchgeführten Vorsichtsmaßnahmen, keine Opfer. Erfolg somit auf der ganzen Linie! Man hatte einen verlässlichen Vorboten! Wohlan, bald sollte man bescheidener werden. Achtzehn Monate später traten keine als Vorboten bewertbaren Schocks auf, die auf das Erdbeben von Tangshan hingewiesen hätten. Es war das schlimmste der modernen Zeit. Und man fragt sich mittlerweile, ob die Vorhersage des Erdbebens von Haicheng wirklich gelungen war, wie die chinesischen Behörden seinerzeit hatten verlauten lassen – mitten in der chinesischen Kulturrevolution! In der Tat zieht ein Bericht des staatlichen Büros für chinesische Erdbeben – 13 Jahre nach dem Beben – 1328 Tote und 16980 Verletzte in Betracht.

Der zweite Fall wird durch die Geschichte vom „Palmdale Bulge" [Beule von Palmdale] illustriert. Der in Frage kommende Vorbote ist hier eine durch ein Nivellement erkannte beulenartige Gelände-Veränderung. Etwa um 1980 ergab ein Vergleich alter und junger geodätischer Aufnahmen, dass sich der Boden im Gebiet von Palmdale, über der San Andreas-Störung im Norden von Los Angeles, zwischen 1960 und 1974 um 15 bis 20 cm gehoben hatte. Danach hatte er begonnen, sich wieder zu senken. Nun war ein ähnliches Szenarium im Jahre 1964 vor dem Erdbeben von Niigata in Japan beobachtet worden. Folglich sprach man nun von einem bevorstehenden Erdbeben, und mehr als zwei Millionen Dollar wurden in die Überwachung dieser Beule investiert. Aber bis zum Jahre 1997 hat die Erde in Palmdale noch immer nicht gebebt. Inzwischen hat man sich übrigens gefragt, ob die Beule tatsächlich existierte, oder ob es sich um Fehler bei der Korrektur der Nivellements gehandelt hat.

Nehmen wir an, es gäbe einen kurzfristig verlässlichen „Vorboten". Ihm käme dann in den Augen der Behörden eines seismischen Gebietes selbstverständlich eine bemerkenswerte Bedeutung zu. Ist er erst einmal akzeptiert, wird er Grundlage für Experten-Empfehlungen sein. Selbstverständlich muss dieser in Frage stehende „Vorbote" auch wissenschaftlich stichhaltig und beweisbar sein. Das kann lange Zeit in Anspruch nehmen und mehr Kontroversen als wünschenswert heraufbeschwören.

So steht es nämlich mit einer neuen Methode zur Vorhersage von Erdbeben, die mit dem Akronym VAN bezeichnet wird. Es wurde aus den Anfangsbuchstaben der Namen dreier griechischer Physiker gebildet, die sie vorgeschlagen hatten. Sie führt bei ihren Anhängern zu Begeisterung aber auch zu gewisser Zurückhaltung seitens zahlreicher Wissenschaftler. Diese Methode misst die Differenz im elektrischen Potential zwischen zwei, mit etwa 50 Meter Abstand, in die Erde gerammten Elektroden. Schnelle Änderungen dieses Potentials stellen nach Ansicht der Autoren vorauseilende seismische Signale dar. Die Aufzeichnungen bei verschiedenen, seit 1981 in Griechenland installierten Stationen erlaubten – den Autoren zufolge –, ein Erdbeben mit einer Vorlaufzeit von einigen Stunden bis zu einigen Tagen vorherzusagen, das Epizentrum auf fast 100 Kilometer zu lokalisieren und die Stärke auf etwa einen halben Punkt abzuschätzen. Gleichwohl wäre eine gegebene Station nur für Signale empfindlich, die aus einer klar abgegrenzten, im allgemeinen ziemlich entfernten Region stammen.

Ungeachtet der von den Autoren zitierten Erfolgsrate, steht ein Konsens über den Wert dieser Methode noch in weiter Ferne. Die Royal Society in London hat im Mai 1995 eine wissenschaftliche Tagung abgehalten und dazu Anhänger und Gegner eingeladen. Und im Mai 1996 widmete die Zeitschrift „Geophysical Research Letters" dieser immer noch sehr lebhaften Debatte ein Themenheft. Das Grundproblem besteht darin, dass man die physikalischen Grundlagen dieser Methode nicht versteht. Es ist gewiss möglich, dass die elektrischen Signale in der Nähe der seismischen Quelle durch die Zirkulation von Wässern erzeugt werden. Aber es erscheint befremdlich, dass diese über hunderte von Kilometern entdeckt werden könnten. Stehen diese aufgezeichneten Signale wirklich mit den vorhergesagten Erdbeben in Zusammenhang? Man hat vorgeführt, dass bestimmte Signale auf industrielle Quellen zurückgingen. Zudem kommen Erdbeben in Griechenland sehr häufig vor. Und deshalb stellen zahlreiche Kritiker ganz offen die Frage, ob die gelungenen Voraussagen nicht schlicht und einfach Zufalls-Ergebnisse sind.

Die Diskussion hat sich in Unkenntnis der Physik auf die Ebene der Statistik verlagert. Seismologen und Statistiker auf der einen Seite und die Erfinder der Methode auf der anderen diskutieren, soweit man blicken kann, über den Wert der Korrelationen zwischen Vorhersage- und Erdbeben-Reihen. Aber wie soll man die Reihen erheben und wie entscheiden, ob eine Korrelation signifikant ist oder nicht? Die Spielregeln sind nicht klar, und sie ändern sich dauernd. Was macht einen Erfolg in der Vorhersage aus? Bei etwa wievielen Tagen und bei etwa wievielen Magnitude-Punkten muss Übereinstimmung zwischen Vorhersage und Beobachtung bestehen? Überdies – und ohne Zweifel unvermeidbar – fehlt den Debatten niemals eine gewisse Dosis an Unaufrichtigkeit. Kurz, man ist noch weit vom Ziel entfernt, und die Zahl der von der VAN-Methode überzeugten Anhänger nimmt von Tag zu Tag ab.

Empfinden Tiere Erdbeben im voraus?

Schließlich muss man unter den Vorboten umstrittenen Wertes das anormale Verhalten von Tieren erwähnen. Im 2. Jahrhundert n. Chr. versichert Aelianus in seinem Buch *De natura animalium*, dass Mäuse und Wiesel die Zerstörung von Häusern vorausspüren und sie rechtzeitig verlassen. Er erwähnt als Beispiel das berühmte Erdbeben von Hélice 373 v.Chr., dem, nach Berichten der Einwohner, ein allgemeiner Exodus der Tiere vorausgegangen sei.

So viele Anekdoten sind seither verbreitet worden – über Katzen, die sich unter den Möbeln verstecken, über Fische, die aus dem Wasser springen, über Küken, die hysterisch werden, über Schlangen, die ihre Löcher verlassen, usw. –, dass man sich über das folgende Zitat bei Elysée Reclus nicht wundern kann. Er schreibt, „dass es in vielen Fällen wahrscheinlich ist, dass Beobachtungen dieser Art erst nach dem Unglück gemacht wurden, und dass die durch Schrecken überreizte Einbildungskraft dabei eine sehr große Rolle spielt". Montessus de Ballore interessierte sich sehr für dieses Phänomen, und er berichtet in seiner *„Ethnographie sismique* *et volcanique*" davon, dass er als Leiter des Erdbebendienstes von Chile ständig die Aufmerksamkeit zahlreicher Beobachter und Stationsvorsteher auf dieses Problem gelenkt hatte. Allerdings, so berichtet er, haben wir in fast 20 Jahren ständiger Beobachtung einen einzigen authentischen Beleg dafür gefunden, dass Tiere Erdbeben voraussehen.

Dennoch weiß der Volksmund, dass es keinen Rauch ohne Feuer gibt. Biologen haben deshalb kürzlich ernsthafte Untersuchungen über Schwellenwerte der Sensibilität bei Tieren durchgeführt und über Reaktionen verschiedener Tiere auf eine ganze Reihe von geophysikalischen Reizen, wie man sie mit bekannten Vorboten von Erdbeben verbinden kann: Vibrationen, die der Mensch nicht wahrnimmt, Infraschall, Veränderungen elektrischer und magnetischer Felder, Gas-Emissionen usw.

Mit Sicherheit kann man generell nicht behaupten, Tiere würden Erdbeben erahnen, im voraus spüren. Dennoch zeigen die oben genannten Studien, dass manche Arten von Fischen, Schlangen, von Säugetieren usw. sehr viel feinfühliger als die Menschen auf Schwingungen in der Größenordnung von 10 bis 100 Hertz reagieren. Diese Tiere sollten also Wellen, die von Vorläuferbeben schwacher Intensität ausgesandt werden, aufspüren können. Zudem ist klar, dass Tiere mit unmittelbarer Bodenberührung – wie Schlangen – bessere Voraussetzungen haben als wir, schwächste Vibrationen zu fühlen. Manche Fische, insbesondere Katzenwelse, sind in der Lage, extrem schwache elektrische Felder zu registrieren. Kurz, es gibt vielleicht einen Bodensatz an Wahrheit in manchen Erzählungen, die das anormale Verhalten von Tieren sehr kurz vor dem seismischen Hauptereignis erwähnen. Aber die wissenschaftliche experimentelle Untersuchung dieser Phänomene bleibt unerreichbar. Zudem ist hinreichend deutlich, dass sie nicht als Grundlage für Entscheidungen der Öffentlichen Hand dienen können.

Auch Nachbeben in einem gegebenen Raum weisen nicht immer ähnliche Kennzeichen auf. Das gilt um so mehr in Gebieten unterschiedlicher geologischer Gegebenheiten. Gewiss hat man potentielle kurzzeitige Vorläufer-Indikatoren entdeckt; aber man vermag sie noch nicht in allgemeiner und verlässlicher Art und Weise zu nutzen, um ein Erdbeben mit dem Maß an Sicherheit vorauszusagen, das man zurecht fordern muss, um darauf Entscheidungen von so großem menschlichen und ökonomischen Einsatz zu gründen.

Wird man dies wohl eines Tages können? – Niemand würde sich erkühnen, das zu versichern. Vielmehr scheint sich die Meinung durchzusetzen, dass der Prozess der Erdbeben-Entstehung der Chaos-Theorie unterliegt, und dass die Vorhersage somit an sich unmöglich ist. Ein bedeutender Seismologe ist Hiroo Kanamori, der Direktor des berühmten Seismological Observatory des California Institute of Technology. Er versicherte Ende 1996 in einem Vortrag vor der American Geophysical Union (AGU): „Wir müssen mit der Unsicherheit des kurzfristigen seismischen Potentials leben". Mehr als 400 Jahre nach Agricola behält dessen pessimistische Feststellung ihre Gültigkeit: „Es gibt keinen sicheren Hinweis auf ein zukünftiges Erdbeben".

Im August 1997 empfahl ein Bericht des japanischen Geodäsie-Rates der japanischen Regierung, das Forschungsprogramm zur seismologischen Vorhersage einzustellen. Es hatte über 30 Jahre jährlich Milliarden von Yen gekostet. Obwohl die Seismologen zweifelsohne das Versiegen des finanziellen Manna bedauerten, fanden sich unter ihnen nur wenige, die versicherten, diese Maßnahme sei ungerechtfertigt.

Das seismische Risiko hängt von der seismischen Geschichte ab

Das Problem der langfristigen Vorhersage und der Abschätzung des seismischen Risikos stellt sich von Fall zu Fall sehr verschiedenartig. Wir haben gesehen, dass sich die großen Erdbeben mehrheitlich in deutlich erkannten und relativ linearen Gebieten ereignen: an den Subduktions-Plattengrenzen oder an großen kontinentalen Störungen. Jedes Mal, wenn ein Erdbeben eintritt, wird ein Teil der im Laufe der Zeit angestauten Energie freigesetzt. Dies erfolgt bruchhaft in einer Zone von begrenzter Länge, wobei die Störung eine bestimmte Verstellung bewirkt. Große Erdbeben können einen Versatz der Randschollen der Störung von mehreren Metern Höhe über eine Entfernung von mehreren hundert Kilometern erzeugen. Dann rüstet die geologische Anordnung gewissermaßen wieder auf: die Platten bewegen sich wieder, die Energie wird aufs Neue angestaut. Bevor sie aber den Schwellenwert erreicht, der zu einem neuen Bruchvorgang führen würde, wird die Störung auf ein anderes Segment ausgewichen sein. Man sieht, dass es somit möglich ist, die Verteilung von Erdbeben für einen gegebenen Raum in der Zeit und im Raum, entlang von ziemlich einfachen Plattengrenzen, reiflich zu überlegen.

Allgemein betrachtet muss sich die Energie über mehrere Zehner oder selbst hunderte von Jahren aufstauen, bevor sich ein neues Erdbeben über demselben Abschnitt der Plattengrenze oder der Störung ereignen kann. Je bedeutsamer ein Erdbeben gewesen ist, um so länger muss man am selben Ort auf das folgende warten.

In den Gebieten der frühen Zivilisationen – wie in China oder im Nahen und Mittleren Osten – kann der mittlere zeitliche Abstand für das Wiederauftreten großer Erdbeben (z.B. mit Stärken > 7,5) dadurch bestimmt werden, dass man sich auf Chroniken oder (auch) seismische Kataloge bezieht, von denen einige seit Jahrhunderten geführt werden. In gewissen Ländern mit viel jüngerer Besiedlung, wie z.B. Kalifornien, bleiben Erdbeben vor mehr als 200 oder 300 Jahren unerkannt, wie es allenthalben auch für prähistorische Beben gilt. Dennoch ist in den letztgenannten Fällen eine halbwegs verlässliche Abschätzung der Intervalle zwischen den Beben über eine geologische Methode möglich. Jede seismische Episode von einiger Bedeutung ist in den Gesteinen als Verschiebung von sedimentären Schichten belegt. Die entspricht dem Versatz entlang der Störung. Es genügt im Prinzip also, Gräben senkrecht zur Störung auszuheben, die Bruchspuren zu identifizieren und sie zu datieren. (Das kann man beispielsweise anhand pflanzlicher Reste mit Hilfe der ^{14}C-Methode machen.) So erhält man eine vollständige Chronologie der Erdbeben. Das ist natürlich schneller gesagt als getan. Zum gegenwärtigen Zeitpunkt konnte diese langatmige Arbeit nur an wenigen Aufschlüssen durchgeführt werden. Für einen Abschnitt der San Andreas-Störung hat man auf diese Weise in der Nähe von Los Angeles zeigen können, dass der zeitliche Abstand zwischen zwei Erdbeben etwa 140 bis 150 Jahre beträgt.

Die historischen Chroniken erlauben eine genaue Datierung von Erdbeben. Ihre Interpretation ist aber mit einer Reihe von Schwierigkeiten behaftet, die eine enge Zusammenarbeit zwischen Historikern und Seismologen notwendig machen. Selbst wenn man der Verlässlichkeit der Quellen trauen darf, bleibt doch zu berücksichtigen, dass die Chroniken oft lange Zeit nach den Ereignissen niedergeschrieben wurden, und dass sie lückenhaft sein können. Man kommt dahinter, dass mehrere Erdbeben in einen Topf geworfen wurden, dass die Ortsangaben ungenau sind, dass die Schäden übersteigert wiedergegeben wurden usw.. Nichtsdestoweniger erlaubt in manchen Gebieten die Fülle an Dokumenten, sich eine ziemlich genaue Vorstellung von der Chronologie der Erdbeben über mehrere

Jahrhunderte zu machen. Man hat auf diese Art berechnen können, dass Erdbeben mit sehr großer Intensität das Gebiet im Norden des Libanon und in Syrien erschüttert haben und zwar auf dem nördlichen Ast des levantinischen Störungssystems. Das geschah in den Jahren 115, 528, 859, 1139 und 1822, d.h. in Intervallen von 340 ± 60 Jahren.

An den wohldefinierten Plattengrenzen, die zudem als ausgesprochen seismisch bekannt sind, haben amerikanische Seismologen – insbesondere im Umkreis des Pazifik – die Abschnitte erfasst, die seit mehr als 50 Jahren keine großen Erdbeben erlebt haben, Abschnitte somit, wo die aufgestaute Energie nicht freigesetzt worden ist. Sie nannten sie „seismische Lücken" [seismic gaps] und klassierten sie nach steigendem seismischen Risiko. Der Grad des höchsten seismischen Risikos wurde den Abschnitten zugeordnet, für die große Erdbeben in historischer Zeit verbrieft sind, die nun aber seit mehr als 100 Jahren Ruhe gegeben haben. Die Theorie der seismischen Lücken findet zwar nicht die Zustimmung aller Seismologen; nichtsdestoweniger bleiben deren Grundgedanken der Ausgangspunkt für die Mehrzahl der Modelle nach der Wahrscheinlichkeitslehre, mit deren Hilfe man das seismische Risiko zu evaluieren versucht.

Seismisches Risiko und Wahrscheinlichkeiten

Heute ist es gängige Praxis, das seismische Risiko in der Nachbarschaft gut bekannter, aktiver Störungen nach Wahrscheinlichkeits-Kriterien zu beurteilen. So schätzte beispielsweise der Geologische Dienst der Vereinigten Staaten (USGS) im Jahre 1990 eine Chance von 67 Prozent, dass ein Erdbeben der Stärke ≥7 das Gebiet von San Francisco in den kommenden 30 Jahren erschüttern werde.

Man sollte hier eine Anmerkung machen. Beim Würfeln hat man 17 Prozent Chancen (eine Chance auf sechs Würfe), ein As zu werfen. Die Wahrscheinlichkeit ist, mit anderen Worten, ein Sechstel. Man begreift, dass das bedeutet, dass man ein As im Mittel einmal bei sechs Würfen erhalten wird, wenn der Würfel nicht gefälscht ist, und wenn man sehr häufig würfelt. Aber was können wohl 67 Prozent Chancen für ein Erdbeben aussagen wollen? Wenn ein Erdbeben versucht, sich in sehr großer Häufigkeit, d.h. unendlich oft, zu ereignen, dann gelingt ihm das im Mittel 67 Male auf 100 Versuche? Das ist offensichtlich absurd, dummes Zeug.

Das Problem liegt in der Bedeutung, die man dem Wort „Wahrscheinlichkeit" beimisst. In der Praxis benutzt die seismische, wie übrigens auch die meteorologische, Vorschau nicht die „frequentistische" Wahrscheinlichkeit Pascals und des Würflers, sondern die Bayes'sche (nach Thomas Bayes, der den grundlegenden Lehrsatz im Jahre 1761 formulierte). Diese misst den Grad der Glaubwürdigkeit einer Hypothese unter Berücksichtigung der verfügbaren Informationen.

Man stellt zunächst ein mathematisches Wahrscheinlichkeits-Gesetz auf, dass die Informationen berücksichtigt, die wir über ehemalige seismische Aktivitäten des betrachteten Störungsabschnittes haben. Insbesondere wird dabei Wert auf die Intervalle zwischen Beben einer gegebenen Stärke gelegt. Dieses Gesetz erlaubt die Berechnung der Wahrscheinlichkeit eines neuen Bebens innerhalb des gegebenen Zeitabschnittes. Die „konditionelle" Wahrscheinlichkeit eines neuen Bebens im Intervall ΔT (von heute ab gerechnet) ist – unter Berücksichtigung der Tatsache, dass eine Zeit T seit dem letzten Erdbeben vergangen ist – gleich der Wahrscheinlichkeit für ein Ereignis im Intervall $(T, T + \Delta T)$, geteilt durch die Wahrscheinlichkeit für ein Ereignis während aller Zeitabschnitte >T. Diese Wahrscheinlichkeiten werden nach dem Gesetz berechnet, das von den a-priori-Informationen ausgeht. Die „konditionelle" Wahrscheinlichkeit hängt also (glücklicherweise ziemlich wenig) von dem mathematischen Ausdruck des Gesetzes ab, den man mit einem gewissen Spielraum wählen kann.

Die Berechnung der Gesetze für die Wahrscheinlichkeit eines seismischen Ereignisses gründen auf den Daten über die zeitliche Wiederholung, die um so vertrauenswürdiger werden, je länger die Zeitreihen für erkannte Erdbeben sind. Diese Berechnungen verlören allen Wert in den Gebieten, die zwar gewiss seismisch sind, in denen aber bedeutsame Erdbeben selten und seismische Störungen schlecht bekannt sind.

Als Beispiel wollen wir uns das Gebiet um Nizza vornehmen. Dort haben die einzigen halbwegs bedeutsamen Erdbeben in den Jahren 1564 und 1887 stattgefunden. Es gibt gewiss niemanden, der beeiden wird, dass ein zerstörerisches Erdbeben nicht irgendwann einmal Nizza erschüttern könnte. Wie aber soll man von Wahrscheinlichkeit sprechen und von einer in Zahlen gefassten Bewertung des seismischen Risikos?

Nehmen wir an, sie sei möglich: dann wird eine Abschätzung der Wahrscheinlichkeit, dass sich ein großes Erdbeben in einem gegebenen Gebiet in ferner Zukunft ereignen wird, die Bevölkerung im allgemeinen ziemlich wenig berühren. Die tendiert nämlich bekanntlich dazu, das seimische Risiko nicht unbedingt an die erste Stelle ihrer Sorgen und Nöte zu stellen, es sei denn, es steht unmittelbar bevor. Die Langzeit-Vorhersage eines Erdbebens mag man ein wenig mit der Vorhersage vergleichen, wann der Einzelne in einer Population stirbt. Und die gründet auf einer statistischen Lebenserwartung. Diese Art von Vorhersage erzeugt nicht gerade Beklommenheit.

In Südkalifornien hat sich das letzte sehr große Erdbeben im Jahre 1857 bei Fort Tejon ereignet, nicht weit von Los Angeles. Der Zeitraum bis zu einer Wiederholung liegt in der Größenordnung von 150 Jahren. Das zu wissen, ist gewiss Grund genug, um die Einwohner von Los Angeles am Ende dieses Jahrhunderts zu beunruhigen. Sie aber leben schlechterdings in der Ungewissheit der seismischen Zukunft, und das Leben geht weiter.

Es wäre natürlich weit nützlicher, die kurzfristig auftretenden Erdbeben vorauszusehen. Das scheint, wie wir gesehen haben, nicht möglich zu sein. Aber selbst dann, wenn es gelänge, wären längst nicht alle Probleme gelöst. Weit gefehlt! Die soziologischen und ökonomischen Verwicklungen einer Vorhersage sind beträchtlich. Das gilt sowohl, wenn sich eine Vorhersage nicht erfüllt, als auch, wenn das angekündigte Erdbeben tatsächlich zuschlägt.

Wir haben es gesehen, dass Seismologen mit/aus gutem Grund die Erdbeben-Vorhersage zuwider ist. Derselbe Richter, von dem die berühmte Richter-Skala der seismischen Magnituden stammt, schrieb im Jahre 1977: „Seit ich mich der Seismologie zuwandte, habe ich immer einen Horror vor Vorhersagen gehabt und vor denen, die sie machen. Die Journalisten und die breite Öffentlichkeit stürzen sich auf die geringste Einflüsterung einer Erdbeben-Vorhersage wie die Schweine auf einen vollen Futtertrog.[...] Die Vorhersage ist ein hervorragendes Jagdrevier für die auf Öffentlichkeitswirksamkeit lüsternen Laien, Exzentriker und Scharlatane". Beispiele, die diese Auffassung Richters rechtfertigen, gibt es zuhauf. Sie sind aber im allgemeinen der breiten Öffentlichkeit wenig bekannt, zumal außerhalb der betroffenen Region und Zeit. Wir wollen uns einige aus der jüngsten Vergangenheit ansehen.

Falscher Alarm

Im Jahr 1977 haben Seismologen in einer wissenschaftlichen Zeitschrift einen Aufsatz veröffentlicht, in dem sie eine „seismische Lücke" [seismic gap] im Gebiet von Oaxaca, Mexiko, beschrieben. Zudem sagten sie ein nahes Erdbeben voraus, ohne im übrigen ein Datum, nicht einmal näherungsweise, anzugeben. Zu Beginn des Jahres 1978 wurde von Nicht-Seismologen ein Brief an den Präsidenten von Mexiko aufgegeben, in dem für den 23. April ein Erdbeben nahe der kleinen Stadt Pinotepa im Staate Oaxaca vorausgesagt wurde. Eine Kopie des Briefes ging an das Rathaus von Pinotepa. Er löste im Verein mit den journalistischen Ausschmückungen der amerikanischen Presse eine Panik aus; und zahlreiche Einwohner der Stadt beeilten sich, ihre Häuser spottbillig an Spekulanten zu verkaufen. An dem vorhergesagten Tag hat kein Erdbeben stattgefunden. Und der Bürgermeister gab später bekannt, dass der der Stadt durch die Vorhersage zugefügte Schaden wesentlich größer gewesen war als jener, den das letzte Erdbeben 1968 erzeugt hatte.

Dann gibt es die Geschichte von Iben Browning, Doktor der Biologie, der von einer Berater-Tätigkeit in Geschäftssachen lebte. Dieser veröffentlichte gegen Ende 1989 die Vorhersage eines zerstörerischen Erdbebens im Gebiet von New Madrid, Missouri, USA. Das Erdbeben sollte sich am 3. Dezember 1990 ereignen. Diese Vorhersage erfolgte kurz nach dem Erdbeben, das San Francisco am 17. Oktober 1989 berührt hatte, und sie betraf ein Gebiet, das 1811 und 1812 eine Serie von schweren Erdbeben mitgemacht hatte. Die Medien ergriffen von dieser Geschichte eifrig Besitz, und Browning verkaufte Videocassetten erklärenden Inhalts für 99 Dollar. Die Gesamtsituation stellte sich derart dar, dass die Bevölkerung ernsthaft beunruhigt war. Es gibt in den Vereinigten Staaten eine nationale Instanz zur Bewertung von seismischen Voraussagen, in der die besten Seismologen versammelt sind. Diese befasste sich mit der Angelegenheit und veröffentlichte einen Bericht, in dem ganz klar herausgestellt wurde, dass die Vorhersage wissenschaftlich untragbar war und das vorausgesagte Erdbeben unwahrscheinlich sei. Die lokalen Behörden wurden davon nicht überzeugt und ordneten deshalb für den 3. Dezember die Schließung der öffentlichen Schulen an. Die Schüler haben ihren freien Tag gehabt; aber das vorausgesagte Erdbeben hat nicht stattgefunden.

Eine noch misslichere Situation ist dann gegeben, wenn die Vorhersage von einem Seismologen stammt oder von einem Wissenschaftler, dem man einige Kompetenz auf diesem Gebiet zutraut, und wenn sie einem ausländischen Staat gilt. Das war der Fall, als Brian Brady, ein beim US Bureau of Mines (USBM) angestellter Geophysiker, ein Erdbeben für das Gebiet der Hauptstadt Lima, Peru, für Ende Oktober 1981 voraussagte. Es würde eine dem 60er Erdbeben von Chile vergleichbare Stärke haben („und das war das schwerste jemals von einem Seismographen registrierte Erdbeben). Brady war Spezialist für Bruchstrukturen von Gesteinen. Er hatte auf der Grundlage seiner Laborexperimente und einer wahrlich obskuren Theorie in den Jahren 1974–1976 eine Reihe von Aufsätzen in einer ausgezeichneten wissenschaftlichen Zeitschrift veröffentlicht. In denen hatte er eine Vorhersage-Methode dargelegt, die auf der Beobachtung von Vorbeben gründete.

Zu Beginn, also etwa 1978, blieb diese Vorhersage im internen Bericht und in der Korrespondenz zwischen verschiedenen Instanzen verschlossen, darunter dem Staatlichen Geologischen Dienst der Vereinigten Staaten (USGS). Der ist offiziell für die seismische Überwachung der USA zuständig. Und er sah damals mit ziemlich scheelem Blick, wie das USBM seine Randstreifen zertrat. Einer seiner Mitarbeiter indessen, ein Seismologe, unterstützte Brady. Zu Beginn des Jahres 1980 breitete sich die Neuigkeit in Peru aus, woraufhin die Botschaft der Vereinigten Staaten die amerikanische Regierung unterrichtete. Von diesem Augenblick an geriet die Situation praktisch außer Kontrolle, und eine Menge von amtlichen, halbamtlichen und internationalen Organisationen wurde – neben den peruanischen und amerikanischen Regierungen – mit hineingezogen: USBM, USGS, das Geophysikalische Institut von Peru, die UNO, das Rote Kreuz usw..

Zu Beginn des Jahres 1981 kam es zu einer Anhörung Brady's durch den Nationalen Rat für die Bewertung von Erdbebenvorhersagen. Die Erklärungen des Autors waren konfus, und keiner der anwesenden Seismologen war in der Lage, die theoretischen Grundlagen der Vorhersage zu verstehen, die im übrigen ständige Veränderungen bezüglich des Zeitpunktes für das Erdbeben erfuhr. (Mittlerweile handelte es sich um den 28. Juni.) In seinem Abschlußbericht bedauert der Rat, dass eine auf derartig spekulativen, wie vagen Grundlagen aufbauende seismische Voraussage eine solche Breitenwirkung erfahren hatte. Und er empfahl der peruanischen Regierung, diese (Vorhersage) nicht ernsthaft in Erwägung zu ziehen. Natürlich konnte der Rat nicht mit absoluter Gewissheit versichern, dass sich kein Erdbeben zu dem angegebenen Zeitpunkt ereignen werde, aber er beurteilte die Wahrscheinlichkeit dafür so außerordentlich gering, dass jedes seiner Mitglieder, ohne zu zögern, bereit wäre, am besagten Tag in Lima anwesend zu sein.

Zur großen Erleichterung der Bevölkerung (und der Regierung) verlief der 28. Juni, wie auch die folgenden Tage, ganz und gar friedlich. Am 20. Juli zog Brady seine für den Herbst gegebene Vorhersage eines schweren Bebens zurück.

Im Jahre 1983 hat die Seismologische Gesellschaft von Amerika in ihrer Zeitschrift ethische Richtlinien für Autoren publiziert, die Erdbeben voraussehen. Darin drängt sie auf Verantwortlichkeit und Schuldigkeit gegenüber den Behörden und dem Publikum der Seismologen, die mit Vorhersagen im weiteren Sinne befasst sind.

Die Verantwortung von Wissenschaftlern und jene der Obrigkeit

Die genannten Beispiele machen das Dilemma deutlich, in dem sich die für Sicherheitsfragen Verantwortlichen befinden, mögen sie nun städtische oder Regierungsämter innehaben, wenn sie mit einer Vorhersage konfrontiert werden, deren Wert so oder auch so sein kann. Muss man die Bevölkerung alarmieren, auch auf die Gefahr hin, dadurch eine Panik auszulösen oder ein ökonomisches Chaos, wie wir oben gesehen haben? Muss man eine Evakuierung der exponiertesten Bereiche beschließen? Soll man dann, wenn die Erde nach Ablauf eines Monats nicht gebebt hat, zurückkehren? Und wird die Bevölkerung, wenn sich gar nichts ereignet hat, dann an eine spätere Vorhersage glauben?

Doch selbst wenn es so wäre, dass die Medien nicht längst alles unter das Volk gebracht hätten, ist es dann klüger, nichts zu sagen und Vorsorge zu treffen? Aber das Geheimnis wird bei einer Angelegenheit von dieser Bedeutung nicht zu hüten sein, und verstärkt wird eine Fluchtbewegung einsetzen. Einige Wissenschaftler werden an ihre Verpflichtung denken, die Presse zu informieren. Die wird diese Informationen verbreiten, dabei sicher die eine oder andere Verdrehung vornehmen und sie dadurch wirkungsvoller werden lassen. Die Behörden werden angeklagt werden, ihrer Transparenz-Pflicht aus widrigen Beweggründen nicht zu entsprechen – was schließlich schon vorgekommen ist. Und wenn sich das Erdbeben tatsächlich ereignet?

Das ‚Entweder – Oder' ist letztlich nicht lösbar. Dennoch wird eine Entscheidung zu fällen sein – in diese oder in die andere Richtung. Selbstverständlich werden sich die zivilen Dienststellen darüber beschweren, dass die Wissenschaftler sie nicht mit hinreichend abgesicherten Informationen versorgen. Kürzlich erst, als es um eine Rinderseuche ging, die vermeintlich auf den Menschen übertragbar ist, hat ein Staatschef die Wissenschaftler lebhaft dazu verpflichtet, „ihre Verantwortung wahrzunehmen", d.h. sich klar zum JA oder NEIN der Gefahr zu äußern und zwar derart, dass die Regierung die unbedingt notwendigen Maßnahmen ergreifen kann. Das heißt, die Verantwortung der Wissenschaftler und jene der Politiker zu vermengen! Die Verantwortung der Wissenschaftler, seien sie nun Biologen oder Geophysiker, besteht ausschließlich darin, die Politiker so umfassend wie möglich über den aktuellen Stand der Kenntnisse zu informieren, ohne dabei weder die stets vorhandenen Unklarheiten noch ihre Zweifel und ihre Meinungsverschiedenheiten über die zukünftige Entwicklung der Situation zu vertuschen. Es wäre fürwahr unverantwortlich, eine Unsicherheit zu verheimlichen.

Auf der anderen Seite besteht die Verantwortung der Politiker – und der Grund für ihre Wahl, zumindest in demokratischen Ländern – darin, schnell Entscheidungen von Gewicht zu treffen und zwar auf der Grundlage stets unzureichender Informationen und bei Wahlen die dann augenscheinlichen Konsequenzen zu tragen, wenn sich die Entscheidung als schlecht erweist.

Die Vorbeugung gegen seismische Schäden

Das soll nicht heißen, dass man Erdbeben vollständig wehrlos gegenübersteht. Selbstverständlich müssen die Versuche fortgesetzt werden, die Methoden der Vorhersage zu verbessern; aber die Anstrengungen müssen der Vorbeugung dienen – nicht der Erdbeben, denn das ist unmöglich, sondern ihrer Auswirkungen. Das muss mit dem Ziel geschehen, die Verluste an Menschenleben und die materiellen Schäden soweit wie möglich zu reduzieren. Diese Anstrengung fällt den Geologen anheim, den Ingenieuren und den Verwaltungsbeamten und Politikern.

Es ist mittlerweile gut bekannt, dass die örtlichen geologischen Verhältnisse die Härte der Erschütterungen und ihre Auswirkungen auf die Gebäude bestimmen. Insbesondere weiß man, dass die wenig verfestigten Sedimente die Bodenbewegungen beim Durchgang seismischer Wellen verstärken können, wenn die Beschleunigungen gering sind. Andererseits können sie bei starken Beschleunigungen abschwächen. So hat das Erdbeben von 1985 in Mexiko enorme Schäden in den bebauten Sektoren über dem ehemaligen Texcoco-See hervorgerufen. Dort werden die (verfestigten) Sedimentgesteine von weichen Tonen überdeckt, die einige Zehnermeter mächtig sind. Die jungen Anschwemmungssedimente und die schlecht konsolidierten Aufschüttungen können ihre gesamte Kohäsion verlieren und sich im Gefolge der Erdstöße „verflüssigen". Das führt zu unheilvollen Folgen für die Wohnblocks, die sich neigen und im Untergrund versinken, genauso wie bei Flottsanden. Die Ingenieurgeologen wissen mittlerweile, diese Bodenverhältnisse zu behandeln und zu verdichten und auf diese Weise die Verflüssigung zu vermeiden.

Die aktiven Störungen müssen aufgenommen und Risiko-Bereiche kartiert werden, um als Grundlage für Bodennutzungspläne dienen zu können. Die Errichtung von Anlagen mit erhöhtem Gefahren-Potential (Staudämme, Erdölleitungen, Atomkraftwerke) in seismisch gefährdeten Gebieten macht spezielle Untersuchungen notwendig. Als Plinius die Konsequenzen aus der aristotelischen Theorie der Erdbeben zog, dachte er (selbstverständlich zu Unrecht), dass man den unterirdischen Winden einen Ausgang anbieten müsste, dass somit Brunnen und Luftlöcher auf irgendeine Weise als Sicherheitsventile wirken könnten.

Der Architekt der Villa d'Este in Tivoli, Pirro Ligorio, hat die Möglichkeit gehabt, die Schäden mit eigenen Augen festzustellen, die von der Erdbeben-Sequenz erzeugt worden waren, die Ferrara zwischen 1570 und 1574 heimgesucht hatte. Seine Beobachtungen halfen ihm bei der Niederschrift eines Lehrbuches über paraseismisches Bauwesen. Darin empfiehlt er noch, Brunnen vorzusehen. Man findet dort aber auch eine Menge nützlicher Empfehlungen: man solle mit gutem Baustoff bauen, die größtmögliche Elastizität des Bauwerkes durch Verbindungen an kritischen Punkten sicherstellen usw.

Tatsächlich ist der beste Schutz vor Erdbeben noch immer die Qualität der Konstruktion. Montessus de Ballore schrieb im Jahre 1907: „[…] bei Erdbeben wie bei vielen anderen Plagen ist es die arme Bevölkerung, die das größte Unglück erleidet. Bei den Behausungen der Dörfler und Bauern und denen in den Arbeitervororten der Städte werden die schlechtesten Materialien verbaut, weil sie billig sind; und man begnügt sich mit den einfachsten Bauverfahren. Egal, ob die Häuser der Baufälligkeit nahe

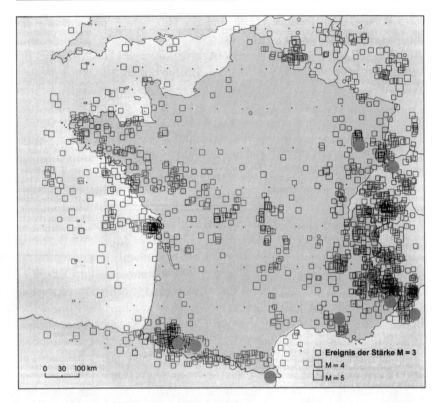

Abb. 3: Erdbeben in Frankreich (1962–1985): Lage der Epizentren nach Messungen des Laboratoire de détection géophysique du Commissariat à l'énergie atomique (LDG/CEA) & Bureau central sismologique français (BCSF). – Jedes Quadrat bezeichnet ein Ereignis und beschreibt durch seine Größe die Erdbebenstärke. Die Kreise lokalisieren größere historische Erdbeben: Basel (1356), Katalonien (1428), Nizza-Hinterland (1564), Bigorre (1660, 1750), Remiremont (Vogesen, 1682), Ligurisches Meer vor Nizza (1887), Lambesq (1909) und Arette (Pyrenäen, 1967). – Aus CARA & TRONG PHO (1989: 15, Abb. 2).

sind, man bewohnt sie, so lange sie einem Schutz bieten, möge der auch noch so unsicher sein. Auch die Erdbeben finden hier eine leichte und vorbereitete Beute". Heute braucht man hier fürwahr kein Komma an diesem Text zu ändern: zum Beweis diene der schwere Tribut, den die Völker der Dritten Welt bei jedem Erdbeben zahlen, insbesondere diejenigen, die im Amts-Jargon als Slum-Bewohner bezeichnet werden, die in Behelfsunterkünften hausen, d.h. auf gut Deutsch in Elendsvierteln.

Die ersten paraseismischen Vorschriften sind zweifellos vom Beherrscher Algiers nach dem schweren Erdbeben vom 16. Februar 1716 erlassen worden. Er verfügte, die Häuser sollten derart gebaut werden, dass sie sich gegenseitig stützten. Die Balken der Fußböden sollten draußen über die Hauswand hinausreichen; schließlich sollten die Mauern solide verbunden werden, um zu vermeiden, dass sie beim ersten Stoß zusammenfielen.

Heutzutage liefern Messungen der Bodenbeschleunigung bei Erdbeben genauso wie simulierende Versuche mit Modellen auf Schütteltischen wertvolle Daten. Die Ingenieure geben diese in ihre Formeln ein, mit denen sie die Auswirkungen der Bodenbewegungen auf das Fundament modellieren und auch das Verhalten der Bauwerke unter den bei Erdbeben geänderten Beanspruchungen. Die Gebäude werden so berechnet, dass sie lateralen Beanspruchungen, welche die größte zerstörerische Wirkung zeigen, standhalten. Zudem ist es gut, den Gebäuden eine gewisse Geschmeidigkeit zu verpassen, beispielsweise dadurch, dass man bei den Fundamenten Gummiblöcke einbaut. Schließlich legt man die eigenen Frequenzen, mit denen die Gebäude schwingen können (wie es eine Stimmgabel tut) derart aus, dass vermieden wird, dass diese mit den seismischen Wellen in Resonanz treten können. Dadurch würden die Verformungen nämlich bis zur Zerstörung vergrößert.

Es gibt Baunormen für verschiedene Bauwerkskategorien in seismisch gefährdeten Gebieten: für Brücken, Staudämme, Tunnels, Atomkraftwerke ... und natürlich auch für Wohnhäuser. Diese paraseismischen Regeln werden Bauträgern, Ingenieuren und Architekten auferlegt. Sie definieren die Sicherheitsvorschriften, kodifizieren die Rechenmethoden und stellen Regeln zur Benutzung der Baumaterialien auf. Dieses Regelwerk ist selbstverständlich sehr technisch ausgerichtet; aber es sind auch größtenteils Empfehlungen, die sinnfällig sind. Man soll lieber Beton guter Qualität als Ziegelsteine nehmen; man soll Simse und andere Dekorations-Elemente vermeiden; denn die stürzen als erste herab; man soll auf korrekte Querverspannung des Baugerippes achten usw.. Man hat beobachten können, dass sich sehr hohe Wohnblöcke, die nach diesen Vorschriften errichtet worden sind, bei einem Erdbeben damit begnügten, sichtbar zu schwanken, während schlechter gebaute Häuser von oben bis unten zerstört wurden.

In manchen Ländern, wie den Vereinigten Staaten oder Neuseeland, kann man sich gegen Erdbeben versichern. „Die Versicherung ist nur vor dem Unglück teuer", versichern die Versicherer. Tatsächlich könne die Prämien so hoch sein, dass viele es vorziehen, keine Versicherung abzuschließen und stattdessen auf Ihr Glück zu setzen. Das ist häufig der Fall in Kalifornien. Die Situation könnte sich schlagartig ändern, wenn die Vorhersage eines Erdbebens öffentlich bekannt gemacht würde. Eine Übersichtsstudie legt nahe, dass die Nachfrage nach Versicherungen dann derartig anstiege, dass die Gesellschaften ihrer nicht Herr werden könnten.

Das Erdbeben kommt – was tun?

Schließlich ist es die Aufgabe der Obrigkeit und der Verwaltung, der Eventualität von Erdbeben durch gesetzliche Regelungen vorzubeugen (Bauverbot in Risikozonen, Verpflichtung zur Einhaltung paraseismischer Normen usw.), desgleichen durch die Erziehung der Bevölkerung, die Ausbildung von Hilfsdiensten, die Erstellung von Einsatzplänen für den Notfall und eine eventuelle Evakuierung. So lernen die Kinder in Japan und in Kalifornien bereits in der Schule durch häufiges Üben das im Falle von Erdbeben notwendige Verhalten. Da heißt es zunächst, nicht gleich beim ersten Schock nach draußen zu stürzen. Dann nämlich hätte man gute Chancen, Balkons, Gesimse und Schornsteine auf den Kopf zu kriegen. Vielmehr soll man sich unverzüglich unter einen Tisch oder in den Rahmen einer Tür flüchten. Die Einhaltung dieser einfachen Regel hat kürzlich einem Geophysik-Professor an der Stanford University das Leben gerettet: Während des Erdbebens von Loma Prieta, im Jahre 1989, verzog er sich unter seinen Schreibtisch. Und damit entging er wenige Sekunden später der Gefahr, durch das Umstürzen eines schweren metallischen Bücherschrankes erdrückt zu werden.

Die Aufklärung der Bevölkerung kann auch durch nicht-amtliche Organisationen erfolgen. Auf diese Weise ist vor kurzem ein „öffentliches seismisches Netz" in den Vereinigten Staaten von Freunden der Seismologie geschaffen worden. Die sind mit einfachen Seismometern ausgerüstet und kommunizieren untereinander über das Internet.

Es ist möglich, dass einzelne große Städte – auch wenn sie einige hundert Kilometer vom Epizentrum eines Bebens entfernt liegen – beachtenswerten Risiken ausgesetzt sind, was an der Geologie ihres Untergrundes liegt. Dieser Fall ist bekanntlich in Mexiko gegeben, wo man die Erdbeben deutlich spürt, die den Staat Guerreo an der Pazifik-Küste heimsuchen, ungefähr 300 Kilometer südlich von Mexiko. Seismische Wellen breiten sich in der Erde mit einigen Kilometern pro Sekunde aus. Daraus folgt, dass beispielsweise ein Erdbeben mit Epizentrum bei Acapulco nur ungefähr eine Minute später in Mexiko verspürt wird. Diese Verzögerung ist natürlich nur klein; aber sie reicht aus, um eine Warnung auszustrahlen. In Mexiko wird ein Alarm-System für Erdbeben-Situationen erprobt; und es hatte schon einige Erfolge zu vermelden. Erwähnenswert ist das Erdbeben der Stärke 7,3 vom 14. September 1995. Der Alarm wurde über Radio und über Lautsprecher in Schulen, der Metro und anderen sensiblen Lokalitäten verbreitet – 72 Sekunden vor Eintreffen der ersten Schockwelle. Ein Erziehungsprogramm für die Bevölkerung, insbesondere für Schüler, trägt dazu bei, Panik zu vermeiden. Dieses für Mexiko gut ausgearbeitete System kann leider nicht für alle denkbaren Konstellationen verallgemeinert werden.

Wie dem auch immer sei, selbst in den Risikobewusstesten und am besten vorbereiteten Ländern ist es unmöglich, alle Eventualitäten zu parieren, insbesondere dann nicht, wenn ein starkes Beben eine große Stadt trifft. Eine moderne Großstadt ist ein sehr komplexes System, und eine Vielfalt von Gesichtspunkten, einschließlich soziologischer, muss bedacht werden. Die Panik unter der Bevölkerung kann dadurch verstärkt werden, dass die öffentlichen Kommunikationssysteme (Telefonverbindungen, Computernetze, Verkehr, Rettungswesen etc.) zusammenbrechen. Bereits 1835 stellte sich der junge Darwin während der Expedition der Beagle die dramatischen Folgen eines großen Erdbebens in England vor, nachdem er die Auswirkungen eines Erdbebens in einer kleinen Stadt im äußersten Süden Chiles gesehen hatte: „England wäre auf der Stelle bankrott; alle Papiere, die Register und die Rechnungsbücher wären verloren. Die Regierung wäre unfähig, die Steuern einzuziehen und ihre Autorität auszuüben. Gewalt und Plünderungen würden sich jeder Kontrolle entziehen. In jeder großen Stadt brächen Hungersnöte aus, und Seuchen und Tod würden ihnen folgen".

Das große Erdbeben in Tokio im Jahre 1923 und der Brand, den es auslöste, forderten 140.000 Opfer. Wenn sich ein Erdbeben derselben Stärke in dem Tokio von heute ereignete, könnte die Zahl der Opfer – manchen Schätzungen zufolge – bis auf zwei Millionen ansteigen.

Bleibt uns somit nur, den Rat des Stoikers Seneca zu hören: „Bestärken wir also unseren Mut gegenüber einer Katastrophe, der wir weder aus dem Wege gehen, noch sie voraussehen können".

Vulkane

Es ist merkwürdig, dass weder das Griechische, noch das klassische Latein einen allgemeinen Begriff zur Beschreibung von Vulkanen kennen. Dabei gibt es gerade im Mittelmeergebiet eindrucksvolle Beispiele. *Vulcanus* war lediglich ein geographischer Name für die Äolischen Inseln (Lipari, Stromboli und Vulcano). Erst als die spanischen Seefahrer nach Entdeckung der Neuen Welt zahlreiche Vulkane in Mittelamerika angetroffen hatten, bezeichneten sie die als Vulkane. Und dieser Name fand schnell Eingang in die anderen europäischen Sprachen.

Das Wort, das in China und Japan einen Vulkan kennzeichnet, wird mit dem Zeichen für „Feuer" umschrieben, dem das Zeichen für „Berg" folgt. Tatsächlich ist ein Vulkan im allgemeinen ein „feuerspeiender Berg", ein Berg, der Feuer speit, geschmolzene Gesteine, Aschen, ausspuckt, und dabei von schreckenerregendem Getöse und von Explosionen begleitet wird. Es ist somit gar nicht erstaunlich, dass Volksglaube und Mythen in diesem pyrotechnischen Aufwand, der die Explosionen begleitet, das Werk übernatürlicher Mächte gesehen hatten.

Feuerberge, Heilige Berge

Die Erdbeben waren als göttliche Äußerungen betrachtet worden. Aber der Fall der Vulkane ist etwas Besonderes. Vulkane sind tatsächlich – im Unterschied zu den Erdbeben, die ja nur hin und wieder auftreten – anfassbar: es sind Berge, die fest in der Landschaft stehen und die, von wenigen Ausnahmen abgesehen, seit undenklichen Zeiten Bestand haben. Ihre Anwesenheit drängt sich der in ihrer Nachbarschaft, unter ihrer Dominanz, lebenden Bevölkerung geradezu auf. Ein Vulkan ist oft der Wohnsitz einer Gottheit: So bewohnt Vulcanus, der göttliche Schmied, den Ätna, wo er im Bergesinnern die Donner des Jupiter erzeugt. Und so ist der Krater Halemaumau des Kilauea auf Hawaii der Aufenthaltsort der Göttin Pele. Das geht so weit, dass der Vulkan selbst vergöttert wird. Ein Beispiel ist der Fuji San, jener berühmte (von den Japanern nimmer Fudschijama genannte) Vulkan, den zahlreiche Pilger jedes Jahr im Sommer ersteigen.

Die Bibel beschreibt den äußeren Rahmen des Ereignisses, als Gott der Herr dem Moses die Gesetzestafeln auf dem Berge Sinai übergab, als vulkanisches Geschehen (2. Buch Moses, 19): Rauch stieg auf wie aus einem Glutofen, der Berg erbebte unter Donnergrollen und dem Zucken der Blitze. – Nun ist der Berg Sinai tatsächlich ein Vulkan; aber er war zuletzt im Präkambrium aktiv, d.h. vor größenordnungsmäßig 600 Millionen Jahren. Die Juden haben also beim besten Willen keine seiner Eruptionen erleben können. Das aber macht nichts. Der wesentliche Punkt ist, dass die vulkanischen Tätigkeiten ganz selbstverständlich der einer Gotteserscheinung angemessene Rahmen zu sein schienen.

Halten wir, im Nebensatz gewissermaßen, fest, dass Berge selbst dann, wenn es sich nicht um Vulkane handelt, oft Gegenstand der Verehrung durch die Bevölkerung sind: der Olymp war der Wohnsitz des Zeus. Die Iren machen zur Verehrung des Heiligen Patrick eine Pilgerfahrt zum Croagh Padraic, der die Bucht von Clew beherrscht. Für die Chinesen ist der Taishan in der Provinz Shandong der verehrungswürdigste der Fünf Heiligen Berge. Dorthin zieht sich der Große Herrscher des Ost-Gipfels zurück, der die irdische Welt für den Jadeherrscher regiert, den Beherrscher des Himmels.

Der Vulkan ist gleichwohl etwas Besonderes, zumal seine Zornesausbrüche – oder die der Gottheit, die dort wohnt – furchtbar sein können. Was wäre somit natürlicher als der Versuch, den Gott durch Opfer milde zu stimmen? In Nicaragua diente der ständig aktive Masaga der Schifffahrt als Leuchtturm, und die englischen Seeleute nannten ihn „Schlund des Teufels". Gonzalo de Oviedo y Valdez, „der erste Chronist der Neuen Welt", bestieg ihn im Jahre 1529. Er berichtete, dass der Vulkan, nach Erzählungen der Indianer, von einer sehr alten Frau bewohnt werde. Sie verfüge über große Macht und erinnere nach der ihm gegebenen Beschreibung an den Teufel. Man opferte ihm „einen Mann oder zwei oder mehr und einige Frauen und Kinder", die man in den Krater stürzte.

Die Vulkane waren also die Luftschächte der Hölle. In seinen *„Dialogen"* berichtete Papst Gregor der Große (543–604) über ein ihm zugetragenes Gerücht aus zweiter Hand: Seeleute waren gezwungen gewesen, die Insel Lipari anzulaufen, und ein frommer Eremit, der die Insel niemals verlassen hatte, hatte ihnen den Tod des Ostgotenkönigs Theoderich angekündigt. Der fromme Mann hatte Theoderich mit nackten Füßen und gebundenen Händen gesehen, wie er auf den zum Vulcano benachbarten Krater geführt und in die Höllenfeuer gestürzt wurde – von Papst Johannes und dem Patrizier Symmacus, die er hatte umbringen lassen.

Der englische Reisende Brydone, der Sizilien gegen Ende des 18. Jahrhunderts besuchte, berichtete, dass ihm ein Einwohner eines Ätna-nahen Dorfes erzählt hatte, dass „die Engländer seit langer Zeit eine Königin in dem Berg vergraben hätten. [...] Sie war die Frau eines Königs, der Christ gewesen war, dass sie ihn (aber) zum Ketzertum verführt und dafür dazu verurteilt worden war, auf ewig im Ätna zu schmoren". Der Reisende fand bald die Erklärung, dass es sich um Anne Boleyn handeln müsse, die Frau Heinrichs VIII, und er fragte „ob ihr Gemahl auch dort wäre, da er die Marter doch eigentlich noch eher als sie verdient hätte." – „Sicuro" (sicherlich) hat der Italiener geantwortet.

Vulkanische Theorien

Buffon ist „nicht erstaunt darüber, dass einige Autoren diese Berge [die Vulkane] für die Luftlöcher eines Zentralfeuers und die Bevölkerung sie für die Öffnungen der Hölle gehalten hatten". In seiner „Theorie der Erde" stellt er diese Dinge indessen wieder klar: „Was diese Gewalt auch immer sein mag und wie ungeheuer uns deren Auswirkungen auch erscheinen mögen, man darf nicht glauben, dass diese Feuer von einem Zentralfeuer stammen, wie es einige Autoren beschrieben haben [...]; denn zu ihrem Brand ist Luft unverzichtbar, zumindest, um ihn zu unterhalten."

Tatsächlich war gegen Ende des 18. Jahrhunderts der Gedanke in Misskredit geraten, dass das (zentrale) Innere der Erde der Sitz eines zentralen Feuers sei – höllisch oder auch nicht. Das geschah gerade aufgrund des von Buffon, nach Gassendi, genannten Argumentes, das sich auch in der „Encyclopedie" findet: Die Unterhaltung eines Feuers erfordert Luft, und die kann es in den Tiefen der Erde nicht geben.

Dieser Einwand zieht nicht mehr, wenn man bedenkt, dass das Zentralfeuer nicht eines ist, wie man es im Kamin entzündet. Vielmehr handelt es sich um eine schmelzflüssige Materie. Während des größeren Teils des 19. Jahrhunderts war die gelehrte Welt in „Fluidisten" und „Solidisten" gespalten.

Die Fluidisten extrapolierten frischweg die Temperaturzunahme, die man beim Abstieg in die Bergwerke messen kann (den geothermischen Gradienten von etwa 3 °C/100 m). Auf diese Weise folgerten sie, dass man in der Tiefe hunderttausende von Grad antreffen würde, und dass das Material deshalb nur geschmolzen vorliegen könne. Die Erde war für sie somit eine flüssige Kugel, die von einer dünnen festen Kruste umgeben ist. Diese werde von den Vulkanen durchschlagen, die sich aus dem riesigen Magmen-Reservoir ernährten.

Die „Solidisten", d.h. die Anhänger eines nicht-flüssigen Erdinneren, bezogen ihre Argumente i.w. von Lord Kelvin. Sie vertraten die Ansicht, dass man nicht das Recht habe, den geothermischen Gradienten bis in die ewige Teufe zu extrapolieren, und dass die Erde, wenn schon nicht kalt, so zumindest fest sei. Die Vulkane könnten die Ausfuhrwege aus oberflächennahen und räumlich begrenzten Lava-Reservoiren („Magmenkammern") sein.

Dennoch gab es, selbst am Ende des 19. Jahrhunderts, noch einige, die die vulkanischen Phänomene auf Gärung und Entzündung brennbarer Materialien in der Erdkruste zurückführten, auf Schwefel, Bitumen oder Salpeter. Diese Theorien ermöglichten, wie wir gesehen haben, eine umfassende aristotelische Erklärung für vulkanische Eruptionen und für Erdbeben.

Wir wollen noch einmal festhalten, dass die Verbindung zwischen diesen beiden mörderischen Naturkatastrophen im letzten Jahrhundert einleuchtend erschien. Montessus de Ballore macht in „La Science séismologique" [Die Erdbebenkunde] auf die vulkanischen Erscheinungen aufmerksam, von denen die Erdbeben um so weniger abgegrenzt werden, als die geographische Verteilung der einen und der anderen fast identisch erscheint, zumindest wenn man sich mit einem Vergleich anhand einer Weltkarte zufrieden gibt. Aus diesem Grunde ist der Titel „Vulkane und Erdbeben" so üblich und klassisch geworden, dass die eine dieser Äußerungen natürlicher Kräfte unwiderstehlich die andere nach sich zieht und umgekehrt.

Heute wissen wir, dass das Magma, das die Vulkane versorgt – und das man „Lava" nennt, wenn es ausgeworfen wird und an der Oberfläche erscheint – nichts anderes ist als das Ergebnis einer partiellen Aufschmelzung von Mantelgesteinen. Das Magma wandert quer durch feste Gesteine und wird dann in einer „Magmenkammer" gesammelt. Die sitzt im allgemeinen nur wenige Kilometer tief unter den Vulkanen.

Die Eruptions-Dynamik ist komplex. Sie hängt von dem Gehalt an gelösten Gasen im Magma u.a. ab. Dieses Gas kann sich infolge von Dekompression tropfenförmig aus der Schmelze befreien und dann das Magma mitreißen. (Es handelt sich dabei um den gleichen Effekt wie beim Entkorken einer Champagnerflasche.) Die Dynamik hängt auch von der Viskosität des Magmas ab.

Die Viskosität einer Flüssigkeit ist ein Parameter, der ihren Fließwiderstand beschreibt (Gegensatz zum Flüssigkeitsgrad). Die an Kieselsäure armen Laven – man nennt sie „basisch" – sind geringviskos. Sie fließen leicht und bilden vulkanische Formen mit flachen Hängen, wie sie der Cantal [im französischen Zentralmassiv] aufweist oder der Mauna Loa auf Hawaii. Der letztgenannte ist fast so hoch wie der Montblanc; aber ohne Mühe erreicht man seinen Gipfel. Die an Kieselsäure reichen Laven – man nennt sie „sauer" – sind nun sehr viskos. Sie neigen dazu, die vulkanischen Schlote zu verstopfen. Die Erosion hat bisweilen Vulkane freigelegt, die einst aus sauren Laven aufgebaut wurden, nun aber seit langem erloschen sind. Dabei blieben die härteren, von der Lava verstopften Schlote verschont. Auf diese Weise sind die Felsnadeln des Puy-en-Velay entstanden. Eruptionen von Vulkanen dieses Typs sind häufig explosiv. Das belegen die des Mont Pelée auf Martinique. Selbstverständlich gibt es zwischen diesen beiden Extremen alle Zwischenstadien. Ein Vulkan kann seinen Charakter sogar im Laufe der Zeit ändern. So kann das Magma in den Magmenkammern abkühlen und dabei teilweise auskristallisieren. Dadurch ändert sich die chemische Zusammensetzung der Restschmelze, die auf diese Weise von „basisch" nach „sauer" verändert werden kann.

Auf einer Weltkarte ist die nahezu identische Verbreitung von Erdbeben und Vulkanen über den Subduktionszonen offenkundig, d.h. dort, wo sich ozeanische Platten unter kontinentale schieben. Diese Unterwanderung erfolgt in Abschnitten, ruckweise. Das erzeugt die Erdbeben. Und die auf die gegenseitige Reibung der Platten zurückgehende Aufheizung führt zum Schmelzen der Gesteine und zum Vulkanismus. Auf diese Weise wird der durch imposante Vulkane rund um den Pazifik gebildete „Feuergürtel" zugleich zum Ort großer Erdbeben.

Man darf auch nicht vergessen, dass die Mittelozeanischen Rücken durch einen gewissermaßen permanenten Vulkanismus ausgezeichnet sind; denn dort erschaffen die basaltischen Laven die Kruste, die die Ozeanböden ausmacht.

Wenn die durch ihre explosiven Eruptionen gefährlichsten Vulkane auch an den Plattengrenzen liegen, über den Subduktionszonen, so heißt das nicht, dass nicht auch zahlreiche Vulkane, von denen manche sehr aktiv sein können, im Inneren der ozeanischen bzw. der kontinentalen Platten vorkommen. Beispiele sind Island, Hawaii, Réunion bzw. der Kilimandscharo. Die Geophysiker sprechen dann von „Hot Spots" [Dafür gibt es kein adäquates deutsches Wort.] Sie verkörpern den Aufstieg von „Mantel-Kissen" heißen Materials aus großen Tiefen. Zum Aufschmelzen kommt es nahe der Oberfläche aufgrund des Druck-Abbaues, der den Materie-Aufstieg begleitet. Tatsächlich nimmt die Schmelztemperatur für die Mehrzahl der Stoffe mit sinkendem Druck ab. (Eine Ausnahme stellt Eis dar.) Die warmen, unter ihrem Schmelzpunkt liegenden Gesteine können ihn überschreiten, also schmelzen, obwohl sie sich abkühlen, weil der Druck wie die Temperatur im Laufe des Aufstieges abnehmen.

Die „Hot Spots" sind – innerhalb des langsamen Ballets der wandernden Platten – im wesentlichen ortsfest. Deshalb wählt man sie als Bezugspunkte, um die Bewegungen der Platten zu beschreiben: Die Bewegungsrichtung einer Platte, die über einen „Hot Spot" hinwegwandert, wird durch eine Aufreihung von Vulkanen angezeigt, deren Alter in Richtung der Platten-Bewegung zunimmt. So wird beispielsweise die Kette der Hawaii (oder Sandwich) – Inseln auf der nach NW driftenden Pazifischen Platte von erloschenen Vulkanen aufgebaut, von denen lediglich der jüngste im äußersten Südosten der Kette aktiv ist.

Vulkanische Tätigkeit erfolgt an der Erdoberfläche unablässig, und praktisch kommt es immer irgendwo zu einer Eruption, sei es submarin oder auch auf dem Festland. Die Mehrzahl dieser Vulkanausbrüche erfolgt unbemerkt, und auch in der Geschichte hinterlassen sie keine Spuren. Und dennoch gibt es manche bemerkenswerten Ausbrüche, die die Geschichte der Menschheit geprägt haben.

Einige berühmte Vulkanausbrüche im Mittelmeergebiet

Platon berichtet in „*Timaios*" von heftigen Erdbeben und sintflutartigen Regenfällen. „Im Laufe eines Tages und einer unheilvollen Nacht […] versank die Insel Atlantis im Meer". Man ist ziemlich einheitlich der Meinung, in diesem Mythos vom Verschwinden Atlantis' eine Erinnerung an die katastrophale Eruption des Vulkans Santorin (Insel Thera) im Ägäischen Meer zu sehen, die in der Bronzezeit, um das 15. Jahrhundert v. Chr., stattgefunden hat. Die Magmenkammer hatte sich rasch geleert; das vulkanische Gebäude brach in sich zusammen; Erdbeben wurden ausgelöst und eine kolossale Flutwelle („Tsunami") war die Folge. Und übrig blieb eine weite Depression, die die Geologen als Caldera bezeichnen. Die Eruption hat beachtliche Massen an Staub und Aerosolen in die

Stratosphäre geschossen, die als saurer Regen, selbst noch in Grönland, niedergingen. Das hat die Analyse eines im dortigen Eispanzer gezogenen Bohrkerns ergeben, der einen auf 1390 ± 50 v. Chr. datierten Aziditäts-Peak zeigt. Dieser grönländische Eispanzer ist das Ergebnis kontinuierlicher Anhäufung von Schnee, der sich unter der Last jüngerer Niederschläge verdichtet und schließlich zu Eis wird. Der 1400 Meter lange Eiskern liefert Hinweise über die Zusammensetzung der Niederschläge seit 100.000 Jahren.

Eine verführerische These verbindet die Santorin-Eruption mit dem Untergang der minoischen Kultur auf Kreta. Es dürfte indessen wenig wahrscheinlich sein, dass die massiven Aschenfälle die Bevölkerung ausgerottet haben. Kreta liegt gut 100 Kilometer südlich von Santorin, während die Aschenfälle – und das beweisen geologische Bohrungen – hauptsächlich im Osten des Vulkans niedergingen. Auf der anderen Seite sollte die Flutwelle beachtliche Schäden angerichtet haben. Sie könnte immerhin so hoch gewesen sein wie der Arc de Triomphe in Paris. Der geschwächte minoische Staat würde Aggressionen und Invasionen nicht lange standgehalten haben. Die Archäologen nehmen tatsächlich an, dass die minoische Zivilisation die Eruption von Santorin um einige Jahrzehnte überlebt habe.

Im Jahre 79 n. Chr. vernichtete die Eruption des Vesuv die Städte Herculaneum und Pompeji. Dieses Ereignis gehört in mancher Hinsicht zweifellos zu den berühmtesten vulkanischen Eruptionen der Geschichte. Es regte den Schriftsteller Edward Bulwer-Lytton zu dem berühmten Roman „Die letzten Tage von Pompeji" (1834) an, der wiederholt verfilmt wurde. Vor allem ist uns dieses Ereignis durch zwei Briefe des jungen Plinius an den Historiker Tacitus bekannt, die Plinius zum ersten glaubwürdigen Augenzeugen einer vulkanischen Eruption werden ließen. Seine genaue und bildhafte Darstellung der Abfolge eruptiver Phasen passt in der Tat vollkommen zu dem Prozessgefüge, das die modernen Vulkanologen ihm zu Ehren als „plinianische Eruptionen" bezeichnen. Inbesondere beschreibt Plinius eine Wolke vom Erscheinungsbild einer Pinie, deren hoch aufragender Stamm sich erst spät aufgabelte und dann einen Aschenregen auf die Umgebung herniedergehen ließ, als der Druck der initialen Explosion nicht mehr ausreichte. Dabei müssen wir festhalten, dass „Aschen" für die Vulkanologen nicht Reste irgendeiner Verbrennung sind, sondern vielmehr feinkörnige glasige Partikel aus zersprratzter Lava, die durch die Geschwindigkeit der Ejektionen verfestigt wurden.

Plinius berichtet vom Tod seines Onkels, Plinius d.Ä., des berühmten Verfassers einer Naturgeschichte, die jahrhundertelang eine nahezu einzigartige Quelle darstellte. Jener gilt als Opfer der Wissenschaft, der einen heroischen Tod erlitt, als er eine Eruption beobachten wollte. Tatsächlich sieht die Wirklichkeit ein bisschen anders aus, als aus dem harmlosen Bericht des Neffen hervorgeht. Plinius d.Ä. war Befehlshaber der Flotte von Cap Miseno. Er hatte zunächst tatsächlich daran gedacht, dieses sehenswerte Phänomen aus der Nähe zu beobachten. Folglich hatte er ein Schiff startklar machen lassen, um die Bucht von Neapel zu überqueren, und seinem Neffen vorgeschlagen, ihn zu begleiten. Dieser hatte das Angebot klugerweise abgelehnt; denn er müsse noch eine Arbeit zu Ende führen. Er kam in Stabiae, dem heutigen Castella mare di Stabia am Fuße des Vulkans, an und traf einen Freund, der gerade sein Haus aufgeben wollte; denn Aschenregen, Erdbeben und die den Vesuv taghell erleuchtenden Blitze hatten ihn erschreckt. Plinius beruhigte ihn mit seiner Gelassenheit und bat ihn, statt die Eruptionen zu beobachten, um ein Bad. Er aß und ging dann friedlich schlafen (man hört ihn schnarchen). Während dieser Zeit ging der massive Regen von Aschen und Bimsen weiter. Schließlich weckte man Plinius, der dann beschloss, an die Küste zu gehen, um Möglichkeiten einer Evakuierung über das Meer zu erkunden. Aber er kam zu spät. Die Gase und Aschen erstickten ihn; vielleicht hatte ihn auch ein Herzanfall niedergeworfen; er brach zusammen. Somit war er weniger Opfer seines Mutes und seiner Liebe zur Wissenschaft als vielmehr eines Beurteilungsfehlers und einer schlechten Einschätzung der Gefährlichkeit der Situation.

Tatsächlich erwähnt Plinius den Vesuv nicht einmal in seiner Naturgeschichte; denn der war seit 15 Jahrhunderten kaum jemals bemerkenswert aktiv gewesen. Und Strabo, der den vulkanischen Charakter wahrgenommen hatte, hielt ihn für erloschen. Nach der 79er Eruption fiel der Vulkan übrigens in einen tiefen Schlaf, der fast 400 Jahre – bis 472 – anhielt.

Nach dem Bericht des Plinius und aufgrund ihrer Untersuchungen an vulkanischen Ablagerungen und Ruinen sind die Vulkanologen in der Lage gewesen, den Ablauf der Eruptionen bis in Einzelheiten zu rekonstruieren: Am frühen Nachmittag des 24. August 79 begann es, Aschen und Bims zu regnen. Bald hielten die Dächer dem Gewicht nicht mehr stand und brachen ein. Bis zum nächsten Morgen fielen 2,5 Meter Asche. Während dieser Zeit hatte die Bevölkerung von Pompeji Zeit zur Flucht. Das erklärt die vergleichsweise kleine Zahl von Körpern, die man als Hohlformen in den verhärteten Aschen gefunden hat und später in Gips vollkörperlich nachbilden konnte. Später hatte der griechische Historiker Dion Cassius (155–240) berichtet, die Aschen hätten Pompeji vernichtet, „einschließlich der gesamten Bevölkerung, die gerade im Theater saß". Diese Darstellung entspricht wahrscheinlich nicht der Realität. Nach dem Aschenregen stürzte eine Glutwolke mit einer Geschwindigkeit von 100 bis 200 km/h die Hänge herab, eine turbulente Wolke giftiger Gase von mehreren 100 °C, die Gesteinsblöcke wie tödliche Geschosse beförderte.

Der Ausbruch des Vesuvs im Jahre 79 n.Chr. begrub die Städte Pompeji und Herculaneum unter seinen vulkanischen Ablagerungen und erhielt damit unschätzbare Zeugnisse des täglichen Lebens der Römer, Fresken und Mosaiken, zum allergrößten Nutzen der Archäologen. Die ersten Spuren von Pompeji fand man im Jahre 1594 in dem als la Citta [die Stadt] bekannten Gebiet, als ein Tunnel zur Wasser-Umleitung gegraben werden sollte. Aber ernsthaft begannen die Ausgrabungen erst im Jahre 1748 ... und bis heute sind sie nicht beendet! Inzwischen hat man etwa 1500 Häuser und Gebäude zu Tage befördert und darin etwa 20.000 Quadratmeter Fresken, die in den Aschen gut erhalten geblieben waren. Das den Unbilden der Witterung Ausgesetztsein, der ständige Strom der Touristen und der Mangel an Geld sind Parameter, die allmählich das Werk der Eruption zu zerstören beginnen. Traurige Bilanz: Im Jahre 1997 wurde Pompeji in die Liste der gefährdeten historischen Stätten aufgenommen.

Der Tambora und das Jahr ohne Sommer

Der bei weitem größte, wenn nicht der berühmteste aller historischen Vulkanausbrüche ereignete sich am 10. und 11. April 1815 auf der Insel Sumbawa in Indonesien: der für erloschen gehaltene Vulkan erwachte auf aufsehenerregende Art und Weise. Eine örtliche Sage berichtet, ein Geistlicher hätte einen Hund aus der Moschee verjagt, der unglücklicherweise dem König gehörte. Der war verärgert und ließ den frommen Mann kurzerhand köpfen. Daraufhin fing der Berg Feuer, und die glühende Insel versank in den Fluten.

Wie dem auch sei, es gab wahrscheinlich mehr als 88.000 Opfer. Die Explosionen hörte man über Entfernungen von fast 2000 Kilometer. Die Aschenfälle erreichten mehrere Orte in 600 Kilometer Entfernung, und pechschwarze Nacht herrschte während zweier Tage. Ungefähr 150 Kubikkilometer Asche wurden ausgeworfen, wovon ein Teil die Stratosphäre erreichte und mehrere Jahre lang von den Winden um die Erde transportiert wurde. Die Masse der ausgestoßenen Aerosole wird auf 150 Millionen Tonnen geschätzt. Sie gingen auch in Grönland als saurer Regen nieder, wie man aus Eiskernen ermittelte.

Etwa im Herbst des Jahres 1815 führte die Lichtbrechung an den feinen Suspensionsstäuben in der hohen Atmosphäre in London zu prachtvollen, rotglühenden Sonnenuntergängen. Die Bilder Turners zeugen noch heute davon. Im Jahr darauf verschleierte ein trockener Nebel die Sonne im ganzen Nordosten der Vereinigten Staaten. Im westlichen Europa und im Osten der Vereinigten Staaten spürte man eine durchgreifende Abkühlung, die man auf Reflexionen des Sonnenlichtes an Stäuben und Aerosolen in der Stratosphäre zurückführte. Das Jahr 1816 ging als das „Jahr ohne Sommer" in die Geschichte ein. In Neuengland schneite es im Juni, und im Juli vernichtete Frost die Ernten. In Frankreich führte die durch die schlechten Ernten bedingte Teuerung (ohne von den napoleonischen Kriegen reden zu wollen) an mehreren Orten zu Aufständen.

Im Juni 1816 schrieb Lord Byron am Genfer See sein berühmtes Gedicht „*Darkness*" [Dunkelheit]. Daraus kann man ablesen, dass seine deprimierte Stimmung aus den Klima-Gegebenheiten resultierte, die auf den Ausbruch des Tambora, 14 Monate zuvor, zurückgingen. Er beschreibt, geradezu dramatisch, das Ende der Welt nach der Auslöschung der Sonne und der Sterne. Aber man könnte hier genauso gut die Heraufbeschwörung der Folgen eines „vulkanischen Winters" sehen.

„Das strahlende Tagesgestirn war erloschen [...]. Der Morgen kam und verschwand – kam, ohne den Tag zu bringen. [...]. Der Hunger reduzierte allmählich die Zahl der Lebenden. [...] Die Welt war leer: dort, wo einmal menschenreiche und mächtige Städte gestanden hatten, gab es keine Jahreszeit, kein Gras, keine Bäume, keine Menschen, kein Leben mehr; nichts als einen Berg von Toten – ein Chaos aus erbärmlichem Lehm".

Der Mont Pelée auf Martinique

Das Mont Pelée-Massiv nimmt den Nordteil der Insel Martinique ein. Der Vulkan beherrscht die Stadt Saint-Pierre und ihre Bucht. Zu Beginn des Jahrhunderts hatte dieser Ort im wesentlichen vom Rum-Handel gelebt, so dass er sich mit 30.000 Einwohnern zu einer der aktivsten und reichsten Städte der Antillen entwickeln konnte.

Der letzte Ausbruch des Vulkans hatte 1851 stattgefunden, und dessen Auswirkungen waren auf Aschen- und Bimsfälle ohne große Schäden beschränkt geblieben. Am 20. April 1902 wurde der Mont Pelée wieder aktiv. Zu Beginn sah es so aus, als würde sich alles wie 1851 abspielen, und man beunruhigte sich kaum. In der Woche darauf aber störten fortgesetzte Aschenregen und schweflige Gase, die die Luft verpesteten, das Leben beträchtlich. Die Bevölkerung bekam Angst und dachte ernsthaft darüber nach, die Stadt zu verlassen. In dieser Phase griff der Gouverneur von Martinique ein. Wahlen sollten in den nächsten Tagen stattfinden, und es war wichtig, dass die Wähler auch am Ort der Wahl anwesend waren. Evakuierung stand also gar nicht zur Diskussion, eher das Gegenteil. Der Gouverneur überredete die Bevölkerung mit dem Argument zum Bleiben, dass keine größere Gefahr als 1851 bestünde. Um mit gutem Beispiel voranzugehen, bezog er in Saint-Pierre Wohnung. Dort sollte er dann, als Opfer seiner Ergebenheit gegenüber dem Innenministerium, auch sterben.

Am 8. Mai, um 7 Uhr 50, stürzte nach einer Reihe heftiger Explosionen eine Glutwolke, horizontal vom Vulkangipfel ausgestoßen, das Tal der Rivière Blanche mit einer Geschwindigkeit von mehr als 100 Stundenkilometern hinab und raste auf die Stadt zu. Die erreichte sie in weniger als zwei Minuten. Die 30.000 Einwohner wurden von der Glutwolke augenblicklich erstickt, verbrannt, verdörrt; denn deren Temperatur betrug wahrscheinlich über 700 °C. Die Brutalität dieses Ereignisses ließ in der Stadt keinen Stein auf dem anderen. Die eindrucksvollsten Gebäude, die Kathedrale und das Theater, waren nur noch Trümmerhaufen. An den Ruinen des „Hauses der Gesundheit" kann man noch die kleinen Zellen erkennen, in denen die vom „Delirium tremens" gepackten Insassen eingesperrt waren. Die Sitze, an die diese Armseligen angekettet wurden, waren aus Stangen von mehrere Zentimeter dickem Schmiedeeisen hergestellt. Die hat die Druckwelle einfach umgebügelt. In den Lagerhäusern setzte die Hitze die Rum-Vorräte in Brand, und dieser brachte das Werk des Vulkans vollends zum Ende.

Es hat einen einzigen Überlebenden gegeben: einen Strafgefangenen namens Cyparis, der das große Glück hatte, in einem kleinen Kerker mit dicken Wänden eingesperrt zu sein, dessen einzige Öffnung sich im Lee befand, also in Transportrichtung der Glutwolke. In der Folgezeit versilberte er seine Erfahrungen, indem er sich auf Jahrmärkten bestaunen ließ. Saint Pierre wurde wieder aufgebaut; nie aber hat es wieder an die alte Herrlichkeit anknüpfen können. Heute ist es ein verschlafener Marktflecken. Es hat noch einen weiteren Ausbruch von Bedeutung im Jahre 1929 gegeben. Der hat aber glücklicherweise keine Opfer gefordert.

Der berühmte Mineraloge und Vulkanologe Albert Lacroix wurde mit einem Forschungsauftrag nach Martinique gesandt. Danach veröffentlichte er einen Bericht über die Ausbrüche der Jahre 1902 und 1929: „*La Montagne Pelée et ses éruptions*" [Der Mont Pelée und seine Eruptionen] wurde ein Meilenstein in der Geschichte der Vulkanologie. Dieses Werk lieferte auch die Grundlagen für die Definition des sogenannten Peleanischen Typs von Vulkaneruptionen.

Missetaten von Vulkanen

Die Zahl der auf Vulkanausbrüche zurückgehenden Todesfälle wird für die letzten vier Jahrhunderte auf ungefähr 250.000 geschätzt. Diese Zahl sollte man fast vergessen können, wenn man sie mit der Zahl der Opfer der zahlreichen Konflikte und Kriege vergleicht, die unseren Planeten in derselben Zeit mit Blut befleckt haben. Und dennoch genügen die Brutalität und der spektakuläre Aspekt der Ausbrüche, um mit Vulkanen das Gefühl einer mörderischen Katastrophe zu verbinden.

Im übrigen ist es leicht einsehbar, dass die Zahl der spontanen Opfer die Einbildungskraft stärker berührt als die Gesamtzahl der einer Ursache zuzuschreibenden Toten. Die nahezu allgemeine Teilnahmslosigkeit, mit der die jährliche Statistik der Verkehrstoten aufgenommen wird, zeigt das deutlich. Insbesondere explosive Vulkanausbrüche können nun aber Zehntausende in wenigen Minuten aus dem Leben scheiden lassen.

Dagegen sind die Eruptionen der „Hot Spot"-Vulkane – beispielsweise des Piton de la Fournaise auf der Insel Réunion oder des Kilauea auf Hawaii – im allgemeinen ruhige Ereignisse: glühende Ströme flüssiger Lava fließen würdevoll dem Meer zu. Die Bevölkerung hat ausreichend Zeit, sich zu schützen, und die Fotografen brauchen sich nicht zu beeilen, wenn sie großartige Farbbilder machen wollen. Wenn von den Lavaströmen auch wenig Gefahr ausgeht, so können sie doch materielle Schäden hervorrufen, wenn sie beispielsweise Dörfer unter sich begraben oder Ackerland überdecken.

Die Aschenfall-Ablagerungen können auch zu einem wirtschaftlichen Zusammenbruch führen. Im Jahre 1991 begann der Pinatubo auf den Philippinen nach 600-jähriger Ruhepause wieder mit Eruptionen. Er emittierte unendliche Massen an Asche, die Hunderte von Quadratkilometern Ackerland in eine graue Wüste verwandelten und Zehntausende von Bauern ins Elend stürzten. Sechs Jahre später leiden die Einwohner noch immer unter den Folgen des Ausbruches: in jedem Herbst verwandeln die Monsun-Regen die Aschen-Ablagerungen in Schlammströme, die die Hänge herabfließen und Dörfer unter sich begraben, die bislang von den Eruptionen verschont geblieben waren.

Die von plinianischen Eruptionen hoch hinauf geschossenen Aschenwolken stellen auch eine Gefahr für die Luftfahrt dar. Im Dezember 1989 brachten die von dem Vulkan Redoubt in Alaska ausgestoßenen Aschen vier Triebwerke einer Boeing 747 zum Stillstand. Sie konnte allerdings glücklich und ohne Schaden in Anchorage landen.

Die Vulkane schicken auch Schwefelsäure in die Stratosphäre. Das erfolgt in Form von Aerosolen, feinsten Tröpfchen in Suspension, die über zwei bis drei Jahre Bestand haben und einen Teil der Sonnenstrahlung reflektieren. Das bedeutet Abkühlung, die das Klima, wenngleich zeitlich begrenzt, spürbar durcheinanderbringen kann.

Hierzu wurden bereits die eindrucksvollen Auswirkungen der Tambora-Eruption im Jahre 1815 erwähnt. Aber es gibt sehr wohl weitere Beispiele. Tatsächlich ist Benjamin Franklin der erste gewesen, der eine Beziehung zwischen Vulkanausbrüchen und Klimaveränderungen annahm. Der Winter 1783 war in Europa besonders streng, und Franklin, der damals in Frankreich lebte, äußerte den Gedanken, die vom Vulkan Laki auf Island stammenden Aschen und Gase seien für die Abkühlung verantwortlich. Selbstverständlich waren die Auswirkungen auf Island selbst am ehesten zu spüren: die an Fluor reichen Gase verseuchten die Weiden. Dadurch wurden die Schafe vergiftet. Das aber führte zur Hungersnot. Auf diese Weise verschuldeten die Eruptionen, indirekt, den Tod von etwa 10.000 Menschen.

Erst jüngst kam es zu einer Klimastörung durch den Ausbruch des Pinatubo. Sie wurde mit modernsten Verfahren studiert, von Flugzeugen aus, mit Ballon-Sonden und mit Hilfe von Satelliten. Die Masse der in die Stratosphäre entlassenen Schwefelsäure-Aerosole wurde auf rund 30 Millionen Tonnen geschätzt, zweifellos ein Rekord in diesem Jahrhundert. Sie reflektierte einen Teil der Sonneneinstrahlung und erzeugte damit eine globale Abkühlung in der Größenordnung von 0,5 °C. Diese glich für länger als ein Jahr die mit dem Treibhaus-Effekt erklärte Erwärmung aus.

Man sollte schließlich festhalten, dass die Zerstörung des Stratosphären-Ozons in den antarktischen Gebieten, die zur Entstehung des berühmten „Ozon-Lochs" geführt hat, durch die Anwesenheit vulkanischer Aerosole beschleunigt wird. Ihnen kommt die Rolle von Katalysatoren zu. Nach der Eruption des Pinatubo im Jahre 1992 erreichte das Ozonloch die Größe von 27 Millionen Quadratkilometern. Die Auswirkungen der Vulkane sind somit weit davon entfernt, unwesentlich zu sein. Darauf werden wir in einem späteren Kapitel zurückkommen.

Wohltaten der Vulkane

Vulkanausbrüche sind gefährlich, und ihre Auswirkungen sind tausendfältig unheilvoll. Dabei bleibt es ..., und trotzdem haben sie langfristig auch positive Seiten. Gewiss haben sich manche, auf Vulkane zurückgehende, sogenannte Vorzüge als imaginär erwiesen. So sahen die Spanier die glutflüssige Lava im Schlot („Backofen") des Masaya kochen, und sie hielten sie für geschmolzenes Gold und bildeten sich ein, eine unerschöpfliche Quelle dieses wertvollen Metalls, an dem die Neue Welt so reich war, entdeckt zu haben. Sie glaubten, reines Gold schöpfen zu können, wie man Wasser aus einer Quelle holt. Oviedo berichtete, dass ein Mönch, der Frater Blas de Castillo, im Jahre 1534 unter großer Mühe in den Krater des Masaya herabstieg und mit einem vollen Eimer, wie er glaubte, geschmolzenen Goldes zurückkehrte. Der Inhalt aber erwies sich natürlich als nichts anderes als Lava.

Im Jahre 1756 schrieb Kant eine kleine Schrift aus Anlass des Erdbebens von Lissabon. Darin kommt er auch auf Vulkane zu sprechen und schreibt: „Die Luft im Gefängnis reinigt man durch Ausräuchern mit Schwefel. Die feuerspeienden Berge entlassen größere Mengen schwefliger Dämpfe in die Atmosphäre, und wer weiß, ob die tierischen Ausdünstungen, mit denen die Luft erfüllt ist, nicht schädlich wären, wenn die Vulkane sie nicht mit diesem leistungsfähigen Heilmittel reinigten" In diesem Punkte folgen wir dem Philosophen aus Königsberg nicht; aber wir können versuchen darzulegen, dass die Menschheit langfristig ohne Zweifel mehr Vorteile als Unannehmlichkeiten von den Vulkanen hatte.

Seit der Antike weiß man schon, dass vulkanische Landstriche sehr fruchtbar sind. In seiner „Geographie" schreibt Strabo (58 v.Chr. – 24 n. Chr.): „Das Gebiet wird vom Vesuv beherrscht. Vom Gipfel abgesehen, werden alle Hänge vollständig von sehr schönen Kulturflächen eingenommen. Der Gipfel selbst ist im wesentlichen flach, aber vollständig steril. Der Boden dort oben hat das Aussehen von Aschen, und er zeigt Spalten, die sich mit Poren in einem rußfarbenen Gestein öffnen, von dem man sagen möchte, es sei von Feuer angegriffen. Dieser Anblick kann einen glauben lassen, dass dieser Ort kontinuierlich gebrannt hat und mit Feuerkratern bedeckt war. Schließlich aber sollten die Feuer in Ermangelung von Brennbarem erloschen sein. Die bewundernswerte Fruchtbarkeit der Böden, die den Berg umgeben, hat zweifellos dieselbe Entstehung. Das entsprechende Beispiel bietet Catania, wo man versichert, dass die von Aschen bedeckten Flächen einen für den Wein besonders geeigneten Boden abgeben. Die Aschen aber sind vom Ätna aufgeschüttet worden. Die vulkanische Asche enthält nämlich einen Stoff, der die Böden, die dabei sind zu verbrennen, genauso fett macht wie die, die die Ernte einfahren". Tatsächlich verwittern diese feinkörnigen und glasigen Aschen ziemlich leicht. Sie enthalten mineralische Salze, die die von Regenfällen ausgelaugten Böden fruchtbar machen. Es sind gerade diese Verwitterungsböden über basaltischen Laven, die für die luxuriöse Vegetation der tropischen Vulkaninseln verantwortlich sind.

Der Vulkan gewährleistet somit das Leben der Bauern, die auf seinen Hängen siedeln und dort auch seinen Wutausbrüchen ausgeliefert sind. Hier muss man zweifellos den wesentlichen Grund für die Hartnäckigkeit der Menschen sehen, mit der sie die von Vulkanausbrüchen zerstörten Häuser wieder am alten Ort aufbauen. Diese Ausdauer könnte bisweilen auch auf dem ziemlich bewährten Glauben an Schutz von oben gründen. So wundert sich 1717 der Reisende Brydone, dass die Einwohner nach der Zerstörung Catanias durch einen Ausbruch des Ätna im Jahre 1669 und durch ein Erdbeben im Jahre 1693 beschlossen hatten, ihre Stadt an derselben Stelle neu zu erbauen. Und er fügt hinzu, „dass es außer Zweifel steht, dass sie durch irgendeine neue Erschütterung des Berges von neuem in Schutt und Asche gelegt werden wird. Sie wiegen sich indessen in großer Sicherheit; sie sagen, dass die Jungfrau Maria und die Heilige Agatha versprochen hätten, sie zu beschützen, und sie trotzten dem Ätna und seinen Teufeln, ihnen Schlechtes zu tun".

Man muss sich schließlich – wie im Falle von Erdbeben – zwangsläufig daran gewöhnen, unter ständiger Bedrohung zu leben. Nehmen wir als Beispiel den Sakurajima auf der Insel Kyushu in Südjapan. Der wirft nahezu ununterbrochen Aschen und Blöcke aus. Am Fuß des Vulkans aber liegt ein Dorf. Und jeden Morgen und jeden Abend begegnet man Schulkindern auf den Straßen. Auf dem Weg zur Schule und zurück nach Hause tragen sie gelbe Schutzhelme – wie auf einer Baustelle.

Die Vulkane liefern auch ausgezeichnete Baumaterialien: Natürlich erwähnen wir die Laven, wie den Stein von Volvic, aus dem so viele romanische Kirchen der Auvergne erbaut sind, aber auch den Bröckeltuff, ein Gemisch aus Aschen und kleinen Lapilli. Der bindet mit Kalk bei Anwesenheit von Wasser schnell ab und stellt damit einen hervorragenden Mörtel dar. Bröckeltuff ist der wesentliche Bestandteil des berühmten römischen Zementes [Romanzement]. Im ersten Jahrhundert n. Chr. schrieb Vitruvius in seinen Abhandlungen über Architektur: „Es gibt eine Art von Gesteinsmehl, dem die Natur eine wunderbare Eigenschaft verliehen hat [...] Dieses Gesteinsmehl ergibt zusammen mit Löschkalk und Steinen eine solche Festigkeit, dass es nicht nur bei gewöhnlichen Bauwerken, sondern sogar auf dem Meeresgrund abbindet und wunderbar erhärtet."

Die Vulkangebiete sind reich an heißen Quellen mit einer Lösungsfracht an mineralischen Salzen. In der Antike nutzte man sie oft wegen ihrer medizinischen Wirkungskraft. Sie sind auch ein bevorzugter Ort für die Gewinnung geothermischer – nicht umweltverschmutzender – Energie. So wird Reykjavik, die Hauptstadt Islands, ausschließlich mit Wasser aus heißen Quellen geheizt.

Seit langem gewinnt man Borsäure aus dem Thermalwasser eines Geothermiefeldes in der Toskana, seit François Lardarel, ein von der Revolution vertriebener Emigrant, mit der Ausbeutung begonnen hatte. Zum Verdampfen waren beträchtliche Energiekosten zu tragen. Da kam Lardarel auf den Gedanken, den Dampf zu nutzen, der dem Boden in Form von Fumarolen, Solfataren und Mofetten entströmte. Im Jahre 1836 gründete er eine Gesellschaft zur Förderung endogener Kräfte. Von 1904 ab erzeugten die Einrichtungen von Lardarello Elektrizität, und seit 1929 wurde überhitzter Dampf aus Tiefbohrungen gewonnen. Mittlerweile speisen die Geothermie-Kraftwerke von Lardarello ungefähr 400 Megawatt in das italienische Stromnetz ein.

Wenn man überschlägig den Nutzen berechnet, den die Menschheit aus Vulkanen ziehen kann, darf man zweifellos auch nicht vergessen, was der Tourismus einbringt. Niemand wird ernsthaft in Frage stellen, dass der „Besitz" eines Vulkanes ein beachtlicher Trumpf ist. Selbst seit langem erloschene Vulkane können sich auszahlen. Das verdeutlicht das Projekt, einen „Regionalpark der Vulkane" in der Auvergne einzurichten. Wenn der Vulkan aktiv ist, aber ungefährlich, wie auf Hawaii oder auf Réunion, ist das augenscheinlich noch besser! Während der als gefährlich bekannten Vulkanausbrüche ist es für die lokalen Behörden oft genug schwierig, die Touristen evakuieren zu lassen, die ja gekommen sind, um das Spektakel aus der Nähe zu bewundern. So zog der aktive Mount St. Hellens im Jahre 1980, zwei Monate vor seiner Explosion, bereits so viele Schaulustige an, dass die zum Gipfel führende Straße am Sonntag genauso verstopft war wie das Zentrum von Seattle zu den Hauptverkehrszeiten.

Schließlich wollen wir nicht die bedeutsame Rolle übersehen, die Vulkane im künstlerischen und literarischen Leben der Welt spielen. Das Spektrum reicht von der berühmten Holzschnitt-Serie der „Hundert Ansichten des Berges Fuji" von Hokusai bis zu zahlreichen Romanen, in denen sich der Vulkan bereits unübersehbar im Titel aufdrängt: „Under the Volcano" von Malcolm Lowry, „Kazan" [Der Vulkan] von Endo Shusaku, „The Volcano Lover" von Susan Sontag usw..

Geburt und Tod von Vulkanen

Auf der Erde gibt es gegenwärtig 400 bis 600 aktive Vulkane. Darunter sind etwa 50 in Dauertätigkeit. Aber wesentlich mehr gibt es, die endgültig erloschen sind und zwar seit Millionen oder Hunderten von Millionen Jahren. So mancher ist darunter, der nach menschlicher Erinnerung schläft, aber sehr wohl eines Tages wieder erwachen kann. Andere schließlich tauchen plötzlich und ohne jede Vorankündigung auf.

Einige Vulkane weisen deutlich auf ihre Tätigkeit hin. Sie kann, wie beim Stromboli, gewissermaßen permanent erfolgen. Sie kann sich auch in wiederholten Ausbrüchen äußern, wie das beim Ätna oder beim Piton de la Fournaise der Fall ist. Diese Vulkane sind die gefahrlosesten; denn sie sind am besten bekannt und am ehesten abzuschätzen. Es gibt mehr Vulkane, deren Aktivität bekannt ist, auch wenn ihre Ausbrüche unregelmäßig erfolgen und bisweilen über mehrere Jahrhunderte verteilt sind; denn sie liegen in Gebieten, in denen man seit längst vergangenen Zeiten Chroniken führt: Das gilt für den Mittelmeer-Raum und für Japan. Dem unerfahreneren Beobachter machen sich diese Vulkane im allgemeinen folgendermaßen bemerkbar – durch intermittierende Dampffahnen, die dem Krater entweichen, durch Fumarolen von schwefligem Geruch und durch heiße Quellen auf ihren Flanken, bisweilen auch durch ein „Gehüstele" und durch häufige Aschenwürfe.

Wann aber darf man nun einen Vulkan als erloschen betrachten, und wie kann man sicher sein, dass er nicht einfach eingeschlafen ist und eines schönen Morgens wieder aufwachen kann?

Ein Vulkan ist dann erloschen, wenn seine Magmenkammer nicht mehr mit neuem Magma aufgefüllt wird, wenn sie stattdessen abgekühlt und vollständig auskristallisiert ist. Das schließt nicht aus, dass nicht immer noch heiße Quellen in seiner Nachbarschaft sprudeln. So ist man beispielsweise sicher, dass die Vulkane erloschen sind, deren jüngste Laven ins Tertiär gehören und somit vor mehreren Millionen Jahren ausgeflossen sind. Das ist beim Cantal [im französischen Zentralmassiv] der Fall und bei zahlreichen Vulkanen der Britischen Inseln auch.

Was soll man aber von den quartären Vulkanen halten? Die ersten Menschen konnten Zeugen ihrer Ausbrüche gewesen sein, und man erkennt sie noch heute auf den ersten Blick, weil die Erosion noch nicht genügend Zeit für ihr Werk hatte. Das gilt ganz gewiss für die eindrucksvolle Kette der Puys [bei Clermont-Ferrand] oder den Berg von Agde [am Mittelmeer] oder auch für die Eifelmaare in Deutschland. Nun haben die Laven des Puy de la Vache ein Alter von 7.600 Jahren, und der Vulkan, dessen Krater heute der Lac Pavin einnimmt, war noch vor nur 6.000 Jahren aktiv. Könnte damit der Puy de Dôme eines Tages wieder aufwachen, und muss Clermond-Ferrand ein vergleichbares Schicksal wie Saint-Pierre auf Martinique befürchten? Zweifellos darf man ruhig bleiben: während man nämlich beobachtete, dass vermeintlich friedliche Vulkane nach einer mehr-hundertjährigen Ruhepause wieder erwachten, kennt man keinen Fall einer Jahrtausende währenden Latenz-Periode.

Einen interessanten Fall stellen die Vulkane der Hawaii-Inseln dar. Der „Hot Spot", der sie mit Magma versorgt, ist „ortsfest", während die Pazifische Platte über ihn nach Nordwesten hinwegwandert. Auf diese Weise entstand eine Kette aus vulkanischen Inseln, deren ältesten erloschen sind. Auf der Hauptinsel ist der Kilauea tätig, während der benachbarte Mauna Kea so tot und stabil ist, dass die Astronomen – auf der Suche nach der Klarheit des Hawaii-Himmels – dort große Teleskope errichteten.

Geburt und Tod von Vulkanen

Die ältesten, verbrauchten, Vulkane schlafen derart fest, dass sie niemals aufwachen werden. Aber es kommt hin und wieder vor, dass plötzlich neue Vulkane entstehen, obwohl man dort auf nichts gefasst war. Natürlich kann es immer dort zur Geburt eines neuen Vulkans kommen, wo die vulkanische Natur des Gebietes bekannt ist. Aber die Überraschung war deshalb nicht minder groß.

So beobachtete man im September 1538 in der Nähe von Pozzuoli, nicht weit vom Vesuv, wie plötzlich Flammen aus der Erde emporloderten und glutflüssige Lava austrat. In drei Tagen wuchs der Vulkan zu einer Höhe von 450 Meter empor. Er wurde „Monte Nuovo" [Neuer Berg] getauft. Seither aber hat er keine Lebenszeichen mehr von sich gegeben.

Abb. 4: Serapis-Tempel („Serapeum") bei Pozzuoli in den Campi Flegrei (Phlegräischen Feldern), westl. Neapel. – Erst 1749/50 ausgegraben, wurden diese von marinen Muscheln angebohrten Säulen bereits vor 200 Jahren als Beleg für vertikale Oszillationen der Landoberfläche diskutiert. Um das Jahr 1000 n. Chr. lag der Boden dieser auf dem Festland erbauten Anlage etwa sechs Meter unter dem Meeresspiegel. 1984 war sie vollständig wieder aufgetaucht. Hebung und Senkung werden von einer Magmenkammer im Untergrund gesteuert; dementsprechend erfolgen sie phasenhaft. – Aus FERRUCCI (1995: 306, Abb. 2).

Am 20. Februar 1943 kam ein Vulkan auf einem Feld des Dorfes Paricutin im mexikanischen Staat Michoacan zum Vorschein. Der Besitzer Dioniso Pulido bearbeitete gerade sein Feld, als er fühlte, dass die Erde bebte, und sah, wie sich eine Spalte im Boden öffnete und Aschen ausspuckte, die bald einen kleinen Hügel bildeten. Er wurde der erste Augenzeuge von der Geburt eines Vulkans. Am 23. Februar war der Berg bereits 160 Meter hoch, als er eine viskose Lava ausspieh und weiter wuchs. Im März nahmen die Eruptionen zu, und es kam zum Auswurf großer Aschenmassen. Ab Januar 1944 begannen schließlich Lavaströme, die Umgebung einzudecken. Diese erreichten die Dörfer Paricutin und San Juan Parangaricutiro, dessen Kirche in ein Totenhemd von Lava gekleidet wurde. Die Eruptionen endeten im Jahre 1952.

Noch jüngeren Datums ist das Auftauchen eines submarinen Vulkanes südlich vor Island. Dieses am 14. November 1963 einsetzende Ereignis konnte von Anfang an von Vulkanologen beobachtet werden. Aschenwurf- und Lava-Tätigkeit bauten schnell eine Insel auf, die im Juni 1964 mehr als ein Kilometer Durchmesser erreichte. Der Ausbruch endete im Jahre 1967. Die nach Surtur, dem Gott des Feuers in der nordischen Mythologie, „Surtsey" getaufte Insel ist für die Öffentlichkeit gesperrt. Sie stellt ein ökologisches Freiland-Labor dar, in dem man studieren kann, wie das Leben erscheint und sich in vollständig unbelebtem Gebiet entwickelt.

Kann man Vulkanausbrüche vorhersehen?

Das Problem der Vorhersage vulkanischer Eruptionen ist in mancher Hinsicht anders gelagert als das der Vorhersage von Erdbeben. Selbst dann, wenn die eine oder andere große Störung als seismisch bekannt ist, weiß man trotzdem nicht, wo genau das Erdbeben stattfinden wird. Und die Voranzeiger, die eine Terminierung ermöglichen, sind, wie wir gesehen haben, auch nicht sehr genau. Dagegen sind die Vulkane gut lokalisiert, und es wird sich kein Ausbruch eines bisher schlafenden Vulkans jemals ereignen, ohne dass sich nicht Zeichen der Reaktivierung vorher kundtun, bisweilen sogar langfristig vorher. Manche Hinweise sind für jedermann erkennbar: eine merkliche Steigerung der Fumarolen-Tätigkeit, Erdbeben, die auf den Anstieg des Magmas (im Schlot) hinweisen, kleine Explosionen mit Aschenwurftätigkeit. Andere Hinweise, wie das Anschwellen des Vulkans, können nur mit empfindlichen Messinstrumenten der vulkanologischen Observatorien erkannt werden. Wir kommen darauf zurück. Die Frage gilt also nicht dem WO?, nicht einmal dem WANN? eines Ausbruches. Sie gilt vielmehr der Entwicklung der vulkanischen Tätigkeit: werden die Anzeichen wieder verschwinden, wie sie gekommen sind, so dass zu Furcht kein Anlass mehr besteht? Oder werden sie sich bis zur Katastrophe steigern?

Wann ist der Schwellenwert der Unbequemlichkeit erreicht, um sich klugerweise für Flucht zu entscheiden? Anlässlich der 79er Eruption des Vesuvs bedurfte die Mehrzahl der Bewohner Pompejis – klüger als Plinius d.Ä. – keiner Ratschläge durch irgendwen, um die Stadt zu verlassen, als nämlich die Aschenregen die Situation unerträglich werden ließen. Auf der anderen Seite gab es die beruhigende Erinnerung an den unterbliebenen Ausbruch des Mont Pelée im Jahre 1851 und den Druck der Verwaltung, die die Einwohner von Saint Pierre mit Optimismus hinhielten. Und der führte schließlich ins Unglück.

Heutzutage macht die Komplexität des modernen Lebens die Situation schwieriger. Die Aufgabe einer von einem Vulkan-Ausbruch bedrohten Stadt oder Zone würde – überließe man sie der freien Entscheidung der Bevölkerung – zu einem derartigen Chaos führen, dass das Heilmittel in sehr vielen Fällen wohl schlechter sein würde als die Krankheit. Man muss somit Logistik zur Verfügung stellen und Einsatzpläne für den Notfall ausarbeiten. Dazu aber sind nur die Behörden in der Lage. Und dennoch wird man sich in demselben Dilemma befinden wie im Falle von Erdbeben: Die Wissenschaftler geben Hinweise, nicht aber letzte Gewissheit, und die Obrigkeit muss die Verantwortung dafür übernehmen, ob evakuiert wird oder nicht. Sie trägt das Risiko, Touristen und potentielle Investoren zu verschrecken, und das nur aufgrund einer Andeutung einer möglichen Gefahr. Man kann sich den Volkszorn vorstellen, wenn eine Evakuierung unterbleibt, wenn die Katastrophe eintritt, Tausende oder Zehntausende von Leben vernichtet werden. Wenn man aber umsonst evakuiert hat, kann der wirtschaftliche Verlust gewaltige Ausmaße annehmen, und es wird nicht an Besserwissern fehlen, die die Wissenschaftler der Inkompetenz und dunkler Machenschaften bezichtigen werden. Schwerwiegender wird das Risiko, wenn eine letzte, begründete, Warnung von der Bevölkerung nicht ernstgenommen wird.

Wird ein Vulkanausbruch katastrophale Folgen haben oder wieder einschlafen?

Vulkanausbrüche in Subduktionszonen haben das Potential, zu Katastrophen zu führen. Hier ist deshalb eine Vorhersage der Entwicklung von größter Bedeutung. Das gilt, leider Gottes, auch dann, wenn eine Vorhersage äußerst schwierig ist, wie zwei Beispiele aus jüngster Zeit zeigen.

Der „Soufrière" im Tiefland von Guadeloupe begann im Juli 1975 mit einer Ausbruchstätigkeit. Man wusste, dass der Vulkan seit dem 16. Jahrhundert immer wieder ausgebrochen war, ohne besondere Schäden zu erzeugen; aber man kannte die geologische Geschichte des Vulkans nicht. Auf jeden Fall war es allgemein bekannt, dass man sich auf die Vulkane der Antillen nicht verlassen konnte. Im Juli 1976 nahm die Aschenwurftätigkeit in Verbindung mit der Ejektion von Blöcken an Heftigkeit zu; die Zahl der Erdstöße überstieg die 1000er Grenze pro Tag, und die Bevölkerung begann, unruhig zu werden. Da erinnerten sich die Behörden der 30.000 Toten von Martinique im Jahre 1902.

Die Wissenschaftler verfügten über kein stichhaltiges Argument, um den amtlichen Instanzen Sicherheit zu bieten. Zudem waren die Straßen letztlich unpassierbar geworden. Die Erdmassen, die Aschen und Regen gebildet hatten, hätten im Notfall eine schnelle Evakuierung verhindert. Das Risiko wurde als unzulässig beurteilt, und somit wurde eine Aussiedlung der exponiertesten Anwohner beschlossen, bevor es zu spät wäre: ungefähr 60.000 Menschen.

Nun aber verschlimmerte sich die Lage nicht, und die Eruptionstätigkeit beruhigte sich allmählich. Einer, der den Vulkan kannte, der verkündet hatte, dass aus seiner Sicht überhaupt keine Gefahr bestanden hätte, leitete nun aus der Entwicklung ab, er hätte Recht gehabt ... und das hieß, so zu tun, als ob man nicht richtig verstanden hätte. Tatsächlich aber kann man nur „Recht haben", wenn die Meinung als Folge einer verstandesmäßigen Argumentation geäußert wurde. Das aber ist bei einem Vulkan mit launischem und unvorhersehbarem Verhalten nicht möglich. Vorherzusagen, dass sich der Vulkan beruhigen oder explodieren werde, unterliegt mehr der Mentalität eines Poker-Spielers als wissenschaftlicher Grundhaltung. Das ist im Falle des Mount St. Helens ganz deutlich geworden.

Im März 1980 kündigten Erdbeben-Schwärme unter dem Vulkan eine Wiederbelebung der Aktivität an, und die äußerte sich schon bald darauf in Explosionen, Aschenwurf-Tätigkeit und dem Ausstoß von Dampf. Im April enthüllten geodätische Messungen ein auf die Nordflanke des Vulkans beschränktes Anschwellen. Das wurde auf einen neuen Magmen-Aufstieg zurückgeführt, so dass eine heftige Explosion erwartet werden musste – wie sie für die Vulkane dieser Region bezeichnend ist. Der Bereich der Heraushebung wuchs von Tag zu Tag, und man evakuierte das nördlich an den Vulkan anschließende Gebiet. Dabei nahm man auf die Anschauungen eben jenes Experten keine Rücksicht, der schon die Gefahrlosigkeit des Soufrière versichert hatte, und der nun behauptete, dass auch hier keine Gefahr bestünde. Am 18. Mai wurde die ganze Nordflanke des Berges zerstört, und sie glitt in einem gigantischen Bergsturz zu Tal. Es kam zu einer Explosion von beispielloser Gewalt, die 400 Quadratkilometer verwüstete. Da die Evakuierung rechtzeitig angeordnet worden war, gab es nur sechzig Opfer. Die vulkanische Tätigkeit ging mit Aschenwürfen und Glutwolken weiter. Dabei wurde eine Energie freigesetzt, die für neun Stunden auf 50.000 Megawatt geschätzt wurde. Das entspräche einem Äquivalent von jeweils einer Hiroshima-Bombe ... pro Sekunde!

Nach der 76er Eruptions-Phase und vor dem Hintergrund der bei der Mount St. Helens-Explosion gemachten Erfahrungen wurde eine geologische Untersuchung der Ablagerungen aller Eruptionen des Soufrière auf Guadeloupe unternommen. Dabei lernte man, dass die West- und die Ostflanke des Vulkans zumindest zweimal in seiner vergleichsweise jungen Geschichte, vor 11.500 Jahren und vor 3.100 Jahren, katastrophenartig zusammengebrochen war. Dabei hatten mächtige Explosionen eine starke Lateralkomponente mit Debris-Strömen im Gefolge, ganz genauso wie beim Mount St. Helens im Jahre 1980. Daraus muss man ableiten, dass die gesamte südliche Zone des Tieflandes als Risiko-Zone bewertet werden muss.

Beim Mt. Pelée hat eine geologische Studie gezeigt, dass der gesamte Norden von Martinique im Gefolge einer Eruption um 1300 mit einer Bimsschicht von 50 bis 200 Meter Mächtigkeit bedeckt worden ist.

Bei der 76er Eruptions-Phase des Soufrière auf Guadeloupe schreckten die Behörden nicht vor der Entscheidung zurück, die Bevölkerung zu evakuieren. Dieser Schritt hat sich im Nachhinein als unnötig erwiesen. Auf der anderen Seite war es gerade diese Angst, die ökonomischen und politischen Kosten einer, gegebenenfalls unnötigen, Evakuierung tragen zu müssen, die die Behörden beim Ausbruch des Nevado del Ruiz in Kolumbien am 13. November 1985 lahmgelegt hat. Der Vulkan wurde von

Vulkanologen überwacht. Und diese hatten eine Gefahr vorausgesagt. Aber sie konnten, und das ist selbstverständlich, weder eine formelle Gewähr für eine sich anbahnende katastrophale Entwicklung abgeben, noch mit absoluter Sicherheit voraussagen, wann sich die Katastrophe ereignen würde. In Ermanglung dieser Auskünfte und Unterlagen wagte kein Offizieller, die Verantwortung für den Aufruf zur Evakuierung zu übernehmen. Die Stadt Armero versank unter einem heißen Schlammstrom, der 40 Meter Höhe erreichte. Mehr als 20.000 Menschen starben.

Die vulkanologischen Observatorien

Ein aktiver oder aktivitätsverdächtiger Vulkan muss aus der Nähe überwacht werden. Das ist die wesentliche Aufgabe vulkanologischer Observatorien. Es gibt indessen weitere Tätigkeiten, die man nicht übergehen sollte. Kontinuierliche Messungen erlauben den Wissenschaftlern nämlich, Eruptions-Mechanismen besser zu begreifen. Die Observatorien sind auch Anlaufstellen für ein neugieriges Publikum. Damit kommt ihnen eine nicht zu vernachlässigende Erziehungsaufgabe zu.

Das älteste vulkanologische Observatorium steht auf dem Vesuv. Der berühmte Astronom Arago ist an seiner Errichtung nicht unbeteiligt. Er war es nämlich, der im Observatorium von Paris anlässlich eines Besuches durch den König beider Sizilien, Ferdinand II von Bourbon, auf den Nutzen eines Observatoriums hinwies. Auch verteidigte er mit Erfolg den politisch verfolgten Physiker Macedonio Melloni. Als dieser dann wieder begnadigt wurde, ernannte man ihn zum Direktor des Observatoriums, das kurz nach 1847 vollendet worden war.

In den überseeischen Gebieten Frankreichs gibt es drei aktive Vulkane: Mt. Pelée auf Martinique, Soufrière auf Guadeloupe und Piton de la Fournaise auf Réunion. Alle drei sind mit Observatorien ausgestattet, die der Verantwortlichkeit des Pariser „Institut de physique du globe" unterstellt sind und von dort unterhalten werden. Ebenso führt dieses Institut die Observatorien auf dem Karthala auf den Komoren, auf dem Soufrière von Sainte-Lusie auf den Antillen und in Djibouti, jeweils in Zusammenarbeit mit den betroffenen Ländern.

Nach dem Ausbruch des Mt. Pelée im Jahre 1902 wurde dort ein kleines Observatorium errichtet. Die Initiative dazu war von Alfred Lacroix ausgegangen. Im Jahre 1925 hielt man es für überflüssig und schloss es, nachdem der Vulkan über mehr als 25 Jahre kein Lebenszeichen gegeben hatte. Man brauchte nicht lange zu warten, um zu begreifen, dass die Entscheidung übereilt getroffen worden war: 1929 machte sich der Berg wieder bemerkbar. Damals errichtete man das heutige Observatorium, ein schönes Beispiel für den architektonischen Stil der dreißiger Jahre. Es liegt auf dem „Morne des Cadets", dem Vulkan gegenüber, und bietet damit einen unverbaubaren Blick hinüber. Zudem ist man hinreichend weit entfernt, im Falle einer Eruption außer Reichweite.

Dieser Sicherheitsabstand fehlte dem Observatorium des „Soufrière" auf Guadeloupe. Das hatte man ab 1950 an einem „Parnass" genannten Ort auf den Abhängen des Vulkans errichtet. Während der 76er Aktivitäts-Phase mussten Personal und Apparate in das ehemalige Pulvermagazin des Forts Saint Charles, im Tiefland, ausgelagert werden. Ein Observatorium hat offensichtlich keine idealen Arbeitsbedingungen, wenn man es bei einer Ausbruchsphase evakuieren muss. So beschloss man damals die Errichtung eines neuen, modernen Observatoriums in den Monts Caraïbes, etwa zehn Kilometer südöstlich des Vulkans. Auf Kosten des Staates und des Département gebaut und eingerichtet, wurde dieses Observatorium im Dezember 1993 eingeweiht.

Der Piton de la Fournaise ist einer der aktivsten Vulkane der Erde. Im Schnitt kommt es zu einem Ausbruch pro Jahr. Dennoch bedeutet er für die Bevölkerung kaum Gefahr; denn die findet immer die Zeit, sich in Sicherheit zu bringen, wenn die Lavaströme aus der Caldera austreten. Lacroix hatte bereits 1936 die Errichtung eines Observatoriums vorgeschlagen. Dennoch wurde der Bau erst 1972 bewilligt und 1979 fertiggestellt – nach der Zerstörung des Dorfes Piton Sainte-Rose. Der Vulkan auf Réunion ist in seinem Verhalten viel besser überschaubar als die Vulkane auf den Antillen, und das dort installierte wissenschaftliche Gerät gestattet eine ziemlich genaue Vorhersage und selbst eine Lokalisierung von Ausbrüchen. In Anbetracht seiner nahezu kontinuierlichen Tätigkeit stellt der Vulkan auch ein ausgezeichnetes Laboratorium dar, in dem die Vulkanologen die Dynamik von Eruptionen studieren können.

Die Ausrüstung eines modernen vulkanologischen Observatoriums gestattet eine Vielzahl an physikalischen Messungen, die Erkenntnisse darüber vermitteln, was sich im Inneren eines Vulkans abspielt. Der Aufstieg der Magmen ruft Spannungen hervor, die Gesteine zerreißen und kleine Erdbeben hervorrufen. Er lässt auch das Vulkan-Gebäude anschwellen und ruft dabei Erschütterungen hervor, die man „Tremor" nennt. Erdbeben und Tremore werden von einem Netz von sinnvoll über den Vulkan verteilten Seismographen aufgezeichnet und lokalisiert. Boden-Deformationen in Zusammenhang mit Anschwellungen werden – in regelmäßigen Abständen – geodätisch und gravimetrisch (die Gravimetrie misst die Schwerkraft) und – kontinuierlich – mit Hilfe von Extensometern und Neigungsmessern vermessen. Veränderungen des magnetischen und des elektrischen Feldes stehen mit der Zirkulation von Fluiden in Zusammenhang, die auf Veränderungen des Spannungsfeldes zurückgeht. Die an den über den Vulkan verteilten geophysikalischen Messstellen erhobenen Daten werden über Funk automatisch an das Observatorium übermittelt und dort gespeichert.

Die geochemische Analyse der Quellwässer, der Fumarolen und Gase (insbesondere des Radon) weisen auf das Nahen einer Eruption und de-

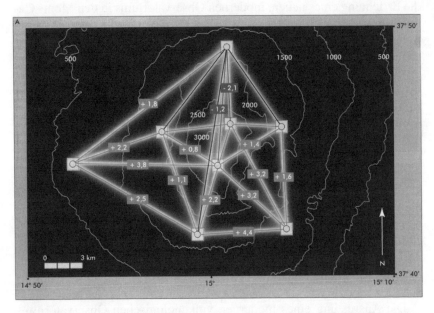

Abb. 5: Die moderne Satelliten-Geodäsie revolutioniert Beobachtung und Kontrolle von Vulkanen. Die Karte zeigt die relativen Verschiebungen (in Zentimetern) von auf dem Ätna fest installierten Bezugspunkten in den Jahren 1991 und 1992. Die Messungen erfolgten mittels GPS (Global Positioning System). – Aus LENAY (1995: 298, Abb. 3).

ren Entwicklung hin. Unumgänglich für die Kenntnis des Vulkans ist im übrigen die geologische Untersuchung des Vulkankomplexes und seiner alten Ablagerungen. Das gilt auch für den Rhythmus und die sonstigen Kennzeichen seiner Eruptionen.

In der Zukunft wird man schließlich die Unterstützung nicht vergessen dürfen, die der Vulkanologie aus der Raumfahrt erwächst. Die mit Satelliten in den Weltraum geschossenen Geräte (Infrarotspektrometer, Radar usw.) erlauben schon heute, eine Menge interessanter Daten über Zustand und Entwicklung aktiver Vulkane zu sammeln. So hat man für den Ätna Karten der Oberflächen-Temperaturen erhalten. Die Radargestützte Interferometrie machte es möglich, Veränderungen des Vulkangebäudes aufzuzeigen, die Geheimnisse des Magmen-Aufstieges verraten.

Wie kann man Mensch und Hab und Gut während eines Vulkanausbruches schützen? Wenn es sich um einen plinianischen oder explosiven Ausbruch handelt, liegt das Heil in der Flucht oder auch in der Evakuierung (der Bevölkerung), wenn die Zeit dazu noch reicht. Man geht dabei allerdings – wie bereits erwähnt – das Risiko ein, dass die Maßnahme unnötig war. Leichter kann man sich vor Lavaströmen schützen. Die Geschwindigkeit ist langsam genug, um bedrohte Flächen und Dörfer zu räumen. Auch hat man verschiedene Möglichkeiten ersonnen, Lavaströme zu bremsen, wenn nicht gar zum Stillstand zu bringen oder aber umzuleiten. Dazu grub man Gräben, oder man warf Dämme auf. Die Schaffung von Breschen oberhalb der Lavastirn mit Hilfe von Sprengsätzen kann die Abflussrate unterhalb verringern, wenn es gelingt, der Lava neue Abflussbahnen zu öffnen. Auf diese Weise ist es beim Ätna-Ausbruch gelungen, den Lavastrom umzuleiten und das Dorf Zafferana Etnea zu schützen, als die Lava bereits über einen 21 Meter hohen Damm hinwegzufließen drohte.

Die Umleitung eines Lavastromes kann, wenn sie gelingt, was nicht immer der Fall ist, der Lava in andernfalls unbeschädigten Gebieten Verwüstungs-Möglichkeiten schaffen. Von einem derartigen Manöver bei dem großen Ausbruch des Ätna im Jahre 1669 berichtet die Geschichte: Als ein Lavastrom Catania bedrohte, gelang es einigen beherzten Freiwilligen, die mit nassen Rinderfellen bekleidet und mit Spitzhacken und Schaufeln bewaffnet waren, der Lava einen Ableitungskanal zu schaffen und den Strom umzuleiten – und zwar in Richtung auf die Nachbarstadt Paterno. Das aber gefiel deren Bewohnern ganz und gar nicht. Sie schickten eine bewaffnete Patrouille los, die Geschichte wieder in Ordnung zu bringen. Das Loch wurde verstopft, und der Lavastrom floss wieder in Richtung auf Catania. Brydone berichtet von diesem Ausbruch, dass „der Lavastrom die hohen Mauern überflutete, die Bildnisse aller Heiligen verschlang, die man zum Schutz gegen diese Kraft aufgestellt hatte, einen großen Teil der Stadt vollständig zerstörte und sich dann ins Meer ergoss".

Weder Heilige noch die Observatorien können die Gewissheit gewähren, dass die Sicherheit von Mensch und Gut unter allen Umständen gewährleistet ist. Zweifellos kann man sich mehr auf Observatorien als auf Heilige verlassen, um ein Wiederaufleben vulkanischer Aktivität zu bestimmen und die Entwicklung einer Krise zu überwachen. Wenn es sich aber darum handelt, die von den Observatorien gelieferten Hinweise dazu zu nutzen, Wetten über eine Katastrophe oder eine harmlose Entwicklung einer Ausbruchsphase abzuschließen, dann dürfte die Hilfe von Heiligen zweifellos überflüssig sein.

Radioaktivität

Im Jahre 1896 veröffentlichte Henri Becquerel in den „*Comptes rendus de l'Académie des sciences*" die Ergebnisse seiner Versuche „sur les radiations invisibles émises par les corps phosphorescents" [Über die von phosphoreszierenden Körpern ausgesandten unsichtbaren Strahlen]. Das Phänomen der spontanen Emission von Strahlung, das Marie Curie „Radioaktivität" getauft hatte, ist einige Jahre später von Rutherford und Soddy erklärt worden.

Die natürlichen Elemente (die 92 chemischen Elemente des Periodensystems von Mendelejew) sind eine Mischung von Isotopen, d.h. von Atomen, deren Kerne dieselbe, für ein Element bezeichnende, Zahl von Protonen enthalten, und die sich nur in der Zahl der Neutronen unterscheiden. Ein Isotop wird durch die Gesamtzahl von Protonen und Neutronen gekennzeichnet, die man oben links vor das chemische Symbol schreibt. So besitzt der Kern des Urans 238 (^{238}U) beispielsweise drei Neutronen mehr als der des Urans 235 (^{235}U). Diese zwei Isotope haben Kerne mit 92 positiv geladenen Protonen, die von einer Wolke von 92 negativ geladenen Elektronen umgeben sind. Einige an Neutronen reiche Isotope haben instabile Kerne, die spontan dazu neigen, ihre Energie zu verringern, indem sie etwas abgeben: die einen ein Alpha-Teilchen (zwei Protonen und zwei Neutronen, was dem Kern von Helium 4 entspricht), die anderen ein Elektron (oder Beta-Teilchen), das aus der Zerlegung eines Neutrons in Proton und Elektron entsteht. Sie verwandeln sich also in sogenannte „Tochterelemente", deren Kern eine (vom Mutterelement) abweichende Zahl von Protonen enthält. Das ist der Prozess des radioaktiven Zerfalls („Spaltung"), der durch die spontane Emission von Alpha- oder Beta-Teilchen und, im allgemeinen, eine elektromagnetische Gamma-Strahlung gekennzeichnet ist, von derselben Art wie das Licht oder die Röntgenstrahlen, aber von wesentlicher höherer Frequenz und Energie. Die Tochterelemente sind ihrerseits oft (ebenfalls) radioaktiv und zerlegen sich entsprechend weiter. Am Ende dieser radioaktiven Zerfallsreihen stehen Isotope von Elementen, deren Kern stabil ist, die sich also nicht weiter zerlegen.

Die radioaktive Spaltung erzeugt Wärme. Diese Tatsache wurde zum ersten Male im Jahre 1903 von Curie und Laborde beobachtet und in einem Aufsatz mit demTitel „*Sur la chaleur dégagée spontanément par les sels de radium*" [*Über die von Radium-Salzen spontan freigesetzte Wärme*] veröffentlicht.

Natürliche Radioaktivität

Die natürliche Radioaktivität stellt einen Aspekt des Energieaustausches zwischen Erdkruste und Biosphäre dar. Die beim spontanen Zerfall radioaktiver Elemente in Erdkruste und -Mantel freiwerdende Wärme stellt den größten Teil des „geothermischen" Wärmeflusses dar, der, aus dem Erdinneren kommend, die Oberfläche passiert: im Mittel 80 Milliwatt pro Quadratkilometer. Dieser Wert entspricht ungefähr 40 Milliarden Kilowatt für die ganze Oberfläche unseres Planeten. Dennoch ist diese zu diffuse Wärme, von einigen Vulkangebieten abgesehen, nicht zu gewinnen.

Andererseits sind die Lebewesen auf der gesamten kontinentalen Oberfläche der Strahlung ausgesetzt, die aus dem Zerfall radioaktiver Elemente im Boden und in den Gesteinen stammt. Die Bestrahlung kann auf natürliche Weise vom Boden empfangen werden und zwar in Form elektromagnetischer Strahlung oder radioaktiver Gase. Sie kann auch von Substanzen ausgehen, die wir im Untergrund abbauen, um unseren Energiebedarf zu erfüllen: Uran und sogar auch Kohle.

Die Spaltung des Urans liefert Energie. Sie führt auch zu neuen radioaktiven Elementen. Derer versucht man sich zu entledigen, indem man sie vergräbt. Das heißt Rücktausch ins Innere der Erde. Die in der Kohle in zwar geringen, nicht aber zu übersehenden Mengen enthaltenen radioaktiven Elemente tragen zur natürlichen Bestrahlung bei. Das betrifft nicht nur die Bergleute, die ihre Lungen damit füllen, sondern auch diejenigen, die den Rauch heimischer und industrieller Öfen einatmen.

Bevor wir uns den Problemen zuwenden wollen, die in der natürlichen Radioaktivität und in ihrer Auswirkung auf die Menschheit begründet sind, ist der Versuch notwendig, sich in dem Dschungel verschiedener Maßeinheiten zurechtzufinden, die der Messung von Radioaktivität und ihrer Auswirkungen dienen.

Welche Einheiten für die Radioaktivität und die natürliche Bestrahlung?

Der radioaktive Zerfall verläuft exponentiell, d.h. die Zahl der in der Zeiteinheit zerfallenden Kerne ist proportional zur Zahl der noch nicht zerfallenen Kerne. Die Aktivität – zur Masse radioaktiven Materials proportional – nimmt also im Laufe der Zeit ab. Die radioaktiven Elemente sind durch ihre „Periode" oder ihre „Halbwertszeit" gekennzeichnet. Die Aktivität ist nach Ablauf der Halbwertszeit auf die Hälfte der initialen [ursprünglichen] reduziert, auf ein Viertel nach zwei Perioden und auf fast ein Tausendstel nach zehn Perioden usw.

Die Aktivität wird in „Becquerel" gemessen. Ein Becquerel (Bq) entspricht dem Zerfall eines Kernes pro Sekunde. Ziemlich häufig verwendet man noch die alte Einheit, das „Curie" (Ci). Es entspricht der Aktivität eines Gramms von Radium 226. Ein Curie entspricht 37 Milliarden Becquerel.

Die relativ leichten Elemente – Kohlenstoff (C), Sauerstoff (O), Silicium (Si) usw. bis einschließlich des Eisens (Fe) – entstanden durch Prozesse der Kernfusion im Inneren der Sterne. Die Elemente, die schwerer sind als Eisen, entstanden durch das Einfangen von Neutronen bei der Supernova-Explosion alter Riesensterne. Alle diese Elemente sind von der Erde bei ihrer Entstehung inkorporiert worden. Manche sind dabei bevorzugt in der kontinentalen Kruste angereichert, als diese sich vom Mantel differenzierte. Es handelt sich im wesentlichen um die Elemente, deren Atome zu groß sind, um sich leicht in die kompakten Kristallstrukturen des Mantels einbauen zu lassen, und die sich infolgedessen in den Mineralen der Kruste wohler fühlen. Derartige Mineralien wurden bei niedrigem Druck gebildet und verfügen deshalb über größeren Raum zwischen den Atomen. Das ist namentlich bei den drei Elementen der Fall, die wesentlich für die Radioaktivität der Erde verantwortlich sind: Kalium 40 mit einer Halbwertszeit von 1,28 Milliarden Jahren, Thorium 232 mit einer Halbwertszeit von 13,9 Milliarden Jahren, Uran 238 mit einer Halbwertszeit von 4,5 Milliarden Jahren (– das ist etwa das Alter unserer Erde –) und Uran 235 mit einer Halbwertszeit von 0,71 Milliarden Jahren. Natürliches Uran enthält etwa 99,27 Prozent Uran 238 und 0,72 Prozent Uran 235.

Diese Elemente sind i.w. in magmatischen Gesteinen, wie dem Granit, angereichert oder in den Gesteinen, die durch Verwitterung und Umwandlungen (d.h. Metamorphose) daraus entstehen. Granit enthält im Mittel vier Massenanteile pro Million Anteile Uran (4 ppm), 17 ppm Thorium und 3,2 ppm Kalium.

Die beim Zerfall radioaktiver Elemente der Kruste freigesetzten Alpha- und Beta-Teilchen werden vom Boden schnell absorbiert. Sie tragen somit nicht zur Bestrahlung der Erd-Bewohner bei. Mit der energiereichen und durchdringenden Gamma-Strahlung verhält es sich anders.

Die vom Boden ausgehende Strahlung ist aber weit davon entfernt, die einzige Strahlungsquelle zu sein. Tatsächlich fixieren die Pflanzen die radioaktiven Elemente. So liegt unter natürlichen Bedingungen die Radioaktivität beim Getreide bei etwa 140 Becquerel und bei grünem Gemüse bei 100 Becquerel, jeweils pro Kilogramm angegeben. Die Pflanzen werden von Pflanzenfressern aufgenommen, und am Ende der Nahrungskette befinden sich die radioaktiven Elemente, im wesentlichen Kalium 40 und Kohlenstoff 14, im menschlichen Körper. Die Radioaktivität eines Erwachsenen liegt im Durchschnitt bei 9000 Becquerel. Davon stammen etwa 4000 Bq vom Kalium 40. In jeder Sekunde zerfallen nahezu 10.000 Kerne in unserem Körper: Wir bestrahlen uns selbst!

Um die Auswirkungen der unterschiedlichen Radioaktivitäts-Quellen auf die Lebewesen zu vergleichen, genügt es nicht, diese mit Hilfe von Einheiten der Aktivität von Radionukliden wie Becquerel oder Curie zu vergleichen. Das Wesentliche ist vielmehr die Absorption von Strahlungsenergie durch die Materie; daher ist es sinnvoll, die geeignete Einheit zu verwenden: das „Gray" (Gy). Dieses entspricht einer Energie von einem Joule, die von einem Kilogramm Materie absorbiert wird. Aber auch damit sind wir noch nicht am Ende des Abschnittes „Einheiten", da die Effekte der Absorption von Strahlung im Organismus von der Natur der Strahlung abhängen. Eine aufgenommene Strahlendosis wird in „Sievert" gemessen. Ein Sievert (Sv) ruft die gleichen Effekte hervor wie die Röntgenbestrahlung mit einem Gray.

Die medizinisch wesentliche, in Sievert ausgedrückte Dosis („Äquivalentdosis") ergibt sich, wenn man die absorbierte Dosis (in Gray) mit einem Faktor multipliziert. Dieser hat, per definitionem. für Röntgenstrahlen sowie für Gamma- und Beta-Strahlung den Wert 1. Für Alpha-Strahlung, die bei Absorption durch lebendes Gewebe weitaus größere Schäden verursacht, beträgt dieser Faktor 20.

Im Jahre 1988 veröffentlichte das Wissenschaftliche Komitee der UNO für das Studium der Auswirkungen atomarer Strahlung einen Bericht. Danach ist die Bevölkerung zum größten Teil interner Bestrahlung (45 Prozent) ausgesetzt. Dann folgt jene im Rahmen medizinischer Untersuchungen (29 Prozent). Die externe natürliche Bestrahlung entspricht 22 Prozent. Die Atomenergie ist für nur 0,06 Prozent der gesamten Strahlenbelastung verantwortlich. Diese Zahlen sind Mittelwerte, die über die gesamte Erdoberfläche errechnet wurden.

Welche Einheiten für die Radioaktivität? 71

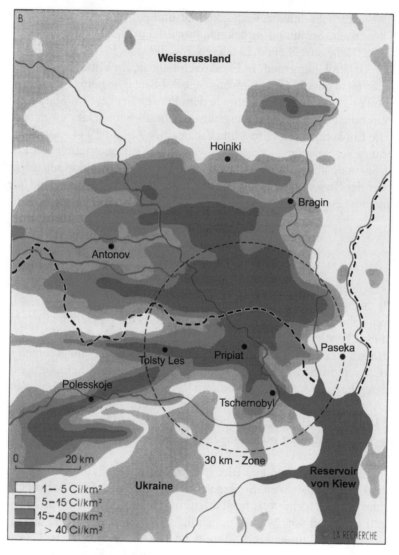

Abb. 6: Nach der Katastrophe von Tschernobyl wurden die Niederschläge radioaktiver Elemente (^{137}Cs u.a.) sehr detailliert kartiert. Auf ungefähr 28.000 km^2 überschritt deren Aktivität einen Grenzwert von 200 kBq/m^2, und auf 1.500 km^2 wurden mehr als 1.500 kBq/m^2 gemessen. Angaben in Curie (Ci), wenngleich heute vorzugsweise mit Becquerel (Bq) gearbeitet wird (1 Ci = 3,7 x 10^{10} Bq). – Aus NENOT & COULON (1992: 1076, Abb.4).

Die natürliche äußere Radioaktivität umfasst jene Komponente, die auf kosmische Strahlung zurückgeht (etwa 0,3 mSv/Jahr) und die von der Erdoberfläche ausgehende. Letztere schwankt stark in Abhängigkeit vom geologischen Untergrund. In Frankreich liegt sie im Mittel bei 2,5 mSV/Jahr, erreicht aber in Granitgebieten wie der Bretagne höhere Werte als in Sediment-geprägten Regionen wie dem Pariser Becken. Im Staat Kerala in Südindien kann die Strahlungsdosis mehr als 5 mSv/Jahr erreichen.

Die Einwohner von Hiroshima haben am 4. August 1944 – um die o.a. Werte zu vergleichen – Dosisleistungen in der Größenordnung von 1 Sievert/Sekunde abbekommen, d.h. zehn milliardenfach stärker als diejenige, der der Bretone von Natur aus durch den dortigen granitischen Untergrund ausgesetzt ist.

Das Radon-Problem

Das Problem der Bestrahlung durch Radon ist besonders interessant, weshalb es zu zahlreichen Studien in den Vereinigten Staaten geführt hat. Deren nahezu einhelliges Ergebnis besagt, dass die gesetzliche Regelung in dieser Hinsicht überaus streng und wenig gerechtfertigt ist.

Radon 222 (^{222}Rn) ist ein radioaktives Edelgas, das im Rahmen der Zerfallsreihe des Urans 238 entsteht. In Graniten und Schiefern ist es angereichert. Es handelt sich um ein farb- und geruchsloses Gas, das in die Atmosphäre entweicht, ohne dass man es dort mit den Sinnen bemerken kann. Seine Halbwertszeit beträgt 3,8 Tage, und es verweilt zwischen Ein- und Ausatmung nicht lange genug in den Lungen, um dort große Schädigungen erzeugen zu können. Auf der anderen Seite sind seine Zerfallsprodukte, insbesondere Blei 210 und Polonium 210, radioaktiv und zudem feste Substanzen. Sie lagern sich an den Wänden der Bronchien an, die sie nun fortgesetzt bestrahlen. Ihre Halbwertszeiten reichen von einem Bruchteil von Millisekunden bis zu 22 Jahren. Und sie erzeugen bei Bergleuten Lungenkrebs. Bereits im Jahre 1556 berichtete Agricola, dass viele der Bergleute des Silberbergbaus im Erzgebirge vorzeitig an Lungenerkrankungen starben. Heute weiß man, dass es sich um Krebs handelte.

Im Dezember 1984 stellte man fest, dass ein Ingenieur namens Stanley Watras die Radioaktivitäts-Alarmanlage auslöste, wenn er das Werk verließ: Er arbeitete seit kurzem im Atomkraftwerk von Limerick im Staate

Das Radon-Problem

Pennsylvania. An seinem Arbeitsplatz aber wurden keinerlei Hinweise auf Verseuchung gefunden. Deshalb verfiel man auf den Gedanken, ihn bereits beim Betreten des Werkes zu testen. Dabei löste er das Warnsystem bereits auf einen Meter Distanz aus, und zwar selbst dann, wenn das Werk abgeschaltet war. Er brachte die Radioaktivität also schon von zu Hause mit; denn er bewohnte ein auf verwittertem und deformiertem Granit erbautes Haus, der reich an Uran war. Messungen ergaben für sein Substrat einen Radon-Gehalt von 2.700 Picocurie pro Liter (1 Picocurie/l entspricht 37 Bq/m^3). Für Bergleute liegt die Grenze, die sie nicht überschreiten dürfen, hingegen bei 100 Picocurie pro Liter. Dieser Vorfall hat die Aufmerksamkeit von Behörden auf die Problematik von Radon in Häusern gelenkt.

Das Umweltministerium [Environmental Protection Agency, EPA] hat die Ergebnisse epidemiologischer Studien an Bergleuten und Resultate aus Tierversuchen linear extrapoliert. Dabei kam es zu dem Ergebnis, dass zwischen ein und fünf (von 100) Personen an Radon-bedingtem Lungenkrebs sterben, wenn sie 70 Jahre lang in einem Haus wohnten, dessen Luft vier Picocurie Radon pro Liter enthält oder 15 Becquerel auf 100 Liter. Die Folge war, dass die EPA im Jahre 1986 eine Bestimmung herausgab, die den Besitzern von Häusern mit einem Radon-Niveau von mehr als vier Picocurie pro Liter auferlegt, angemessene (und sehr kostspielige) Maßnahmen zu ergreifen, um sie zu belüften und die Ansammlung von Gas zu verhindern.

Nun schreibt man seit der Antike den Thermalwässern Heilkräfte zu. Viele von denen sind radioaktiv und scheiden Radon aus. So stellte Pierre Curie im Jahre 1904 das Vorhandensein von Radon in den Wässern des Kurortes Badgastein in Österreich fest. Dessen Berühmtheit reicht bis in das 14. Jahrhundert zurück. Die Einwohner dieser kleinen Stadt empfangen Strahlungs-Dosen, die deutlich über den von der EPA vorgeschlagenen liegen. Es sieht indessen nicht so aus, als läge hier die Sterblichkeit über der durchschnittlichen Rate.

Genauso gut kann man den kleinen Badeort Misasa in Japan nennen. Dorthin strömen die Kurgäste aus dem ganzen Land. Und dieser Ort brüstet sich mit dem Rekordgehalt an Radon in seinen Wässern. Die Stadtväter haben eine Büste von Marie Curie auf einem öffentlichen Platz aufgestellt, und sie laden den Botschafter Frankreichs zur jährlichen Geburtstagsfeier der Gelehrten ein, deren Entdeckungen zum Wohlstand der Stadt beigetragen haben. Die Radioaktivität der Luft in öffentlichen und privaten Bädern schwankt dort zwischen vier und 160 Picocurie pro Liter. In Misasa ist nun aber die Krebs-Rate nicht signifikant anders als in den kontrollierten Gebieten ohne Radioaktivität: Sie ist vielleicht sogar niedriger.

Schwellenwirkung und Hormesis

Es wurde gezeigt, dass die Sterblichkeitsrate für Bestrahlungsdosen in der Größenordnung von 5000 Millisievert nahe bei 50 Prozent liegt. Klinische Beschwerden beobachtet man bei Dosen oberhalb 1000 Millisievert und Krebs als Spätfolge oberhalb von 500 Millisievert. Zwischen 200 und 500 Millisievert liegt die Dosis-Grenze, unterhalb derer die Auswirkungen schwer zu erfassen sind. Arbeiter dürfen keiner Strahlung von mehr als 50 Millisievert in einem Jahr ausgesetzt werden.

Die Auswirkungen sehr schwacher Strahlungs-Dosen (in der Größenordnung von einigen Millisievert pro Jahr) auf die Gesundheit werden noch kontrovers diskutiert. Nun liegt, wie gezeigt, die natürliche Strahlung gerade in diesem Bereich. Allgemein gesprochen hatten epidemiologische Untersuchungen bislang keinen Erfolg dabei, eine statistisch signifikante Beziehung zwischen der Sterblichkeit der Bevölkerung und der Intensität geogener Bestrahlung, der sie ausgesetzt ist, aufzustellen. Das gelang nicht einmal für die höchst-radioaktiven Gebiete (wie Kerala in Indien) oder die Radon-reichen Thermalbäder.

Man kann das Problem wie folgt darstellen: Man hat epidemiologische Untersuchungen an Werktätigen durchgeführt, die starken Dosen ausgesetzt sind, beispielsweise an Bergleuten im Uranabbau (die obendrein oft Raucher sind). Darf man deren Ergebnisse gültigerweise zu sehr kleinen Dosen extrapolieren? Darf man das mit den Ergebnissen aus Tierversuchen machen, in denen massive Bestrahlung vorgenommen wurde?

Zunächst aber muss man fragen, was ist eine Dosis? Muss man Millisievert zählen oder aber Millisievert/Jahr? Der gesunde Menschenverstand gibt die Antwort. Ein jeder von uns, der in der Gebrauchsinformation zu einem Medikament liest „die vorgeschriebene Dosis darf nicht überschritten werden", weiß, dass er es riskiert, nicht wieder aufzuwachen, wenn er den Inhalt einer Schlafmittel-Röhre auf einmal schluckt. Ganz allgemein ist es Dosisleistung, die zählt, mehr jedenfalls als die erst über eine lange Zeit angehäufte Dosis. Ausnahmen von dieser Regel sind dann gegeben,

Schwellenwirkung und Hormesis

wenn sich die toxische Substanz (beispielsweise Arsenik oder Bleisalze) im Organismus anreichert.

Paracelsus sagte das bereits 1564: „Finden Sie irgendwo irgendetwas, das kein Gift ist? Alles ist Gift, und nichts gibt es, das ohne Gift ist. Lediglich die Dosis bewirkt, was kein Gift ist. So ist jedwedes Nahrungsmittel oder Getränk, wenn es zu stark konsumiert wird, ein Gift".

Zahlreiche Beispiele belegen die übertriebene Strenge einer Reglementierung, die auf linearer Extrapolation eines Risikos zu kleinen Dosen beruht. Alle Vitamine sind, werden sie zu hoch dosiert, giftig; in niedrigen Dosen aber sind sie unentbehrlich. Muss man die Salzfässer mit dem Argument vom Tisch verbannen, ein exzessiver Salzverzehr erzeuge Magenkrebs? Die Muttermilch enthält 0,045 mg von Kalium 40 im Liter. Muss man deshalb mit dem Stillen von Säuglingen aufhören?

Das „Vorsichts-Prinzip" besteht darin, jede Substanz – und dabei spielt die Dosis überhaupt keine Rolle – zu verbieten, die sich bei hoher Dosierung im Tierexperiment als toxisch erwiesen hat. Wenn dieses Prinzip durchgängig angewandt würde, dann müssten die ständigen Fortschritte der analytischen Chemie schnell zu einem generellen Verbot jeglicher Nahrung und jeglichen Getränkes führen; denn die Chemie vermag inzwischen kleinste Spuren „giftiger" Substanzen zu ermitteln.

Bleiben wir noch beim Fragenkomplex der Bestrahlung (besser der Sonnenstrahlung). Dann finden wir in einem 1995 von der Akademie der Wissenschaften veröffentlichten Bericht zum Thema „Probleme, die auf Wirkungen schwacher Dosen ionisierender Strahlung zurückgehen" einen einleuchtenden Vergleich von Professor R. Latarjet: „Es ist in der Bevölkerung hinreichend bekannt, dass ein Sonnenbad von einigen zehn Minuten im Sommer einen Sonnenbrand hervorrufen kann, dass aber dieselbe Dosis an Sonnenstrahlung, vom Herbst bis ins Frühjahr verteilt, nicht die geringste Hautrötung erzeugt ... eine ausreichende Entzerrung der Dosis macht ihre Wirkung ganz und gar hinfällig". Wir wollen hinzufügen, dass der Sonnenmangel Vitaminmangel nach sich zieht und Rachitis, während für Sonnenanbeter, die sich an den Stränden braten lassen, das Risiko von Hautkrebs groß ist.

Die Vertreter einer linearen Extrapolation nehmen an, dass das Risiko zur Exposition zum Radon (oder irgendeiner anderen radioaktiven oder toxischen Substanz) bis zu der Dosis 0 proportional ist, dass es somit keinen Schwellenwert gibt, unterhalb dessen das Radon wirkungslos ist.

Die Begründung der linearen Hypothese ohne Schwellenwert besagt, dass schon ein einziges Strahlungs-Quantum, das mit einem einzigen DNA-Molekül reagiert, Schäden hervorrufen kann, die zu Krebs führen können. Aber diese Annahme steht im Gegensatz zur Erfahrung, und sie trägt auch nicht den natürlichen Reparatur-Mechanismen Rechnung. In dem oben zitierten Bericht der Akademie der Wissenschaften findet man die Sätze „Die strahlenbedingte Entstehung von Krebs scheint kaum durch einen einzigen physikalischen Vorgang (den Durchgang eines ionisierenden Partikels), der sich in einer einzigen Zelle abspielt, hervorgerufen werden zu können [...] Tierversuche zeigen die Anfälligkeit dieser vereinfachenden Hypothese, der zufolge eine einzige veränderte Zelle genügt, die Entwicklung von Krebs einzuleiten [...] Es kann zu einer bemerkenswerten Überbewertung des Risikos kommen, wenn man von der Wirkung starker, zudem konzentriert gegebener Dosen ausgeht, um durch Extrapolation die biologischen Folgen schwacher Dosen ionisierender Strahlung zu beurteilen".

Darüber hinaus scheint sich immer deutlicher abzuzeichnen, dass die Mechanismen einer DNA-Reparatur durch spezialisierte Enzyme von geringen Bestrahlungsdosen angeregt werden können. Und das führt zu einer vergrößerten Resistenz gegenüber starken Dosen. Die ist größer als jene bei nicht schwach-dosiert bestrahlten Objekten. Dieses Phänomen nennt man „Hormesis" (aus dem Griechischen „hormaein", d.h. reizen).

Die Internationale Konferenz über schwache Bestrahlungs-Dosen und Mechanismen biologischer Verteidigung, die 1992 in Kyoto stattfand, veröffentlichte die Schlussfolgerung, dass Strahlung eine anpassungsfähige Antwort hervorrufe – ganz genau so wie zahlreiche toxische Wirkstoffe auch. Man möchte hier anmerken, dass diese Schlussfolgerung offensichtlich schon Mithridates VI Eupator, dem König von Pont (132–63 v.Chr.), bekannt gewesen ist. Man sagt, er habe täglich Gift in schwachen Dosen zu sich genommen, um sich gegen Vergiftungs-Anschläge zu wappnen. Dieses Vorgehen hatte, so scheint es, einen solchen Erfolg, dass sich Mithridates später, von den Römern besiegt, erfolglos bemühte, sich zu vergiften. Er musste sich schließlich in sein Schwert stürzen.

Während der letzten Jahre wurden zahlreiche Aufsätze in wissenschaftlichen Zeitschriften publiziert, die auf der Hormesis-Theorie gründeten. Wir wollen hier insbesondere einen zitieren, der 1990 im „International Journal of Radiation Biology" erschienen ist. Er stammt von japanischen Mitarbeitern des Wiss. Zentrums zur Erforschung der Atombomben-Katastrophe von Nagasaki. Sein Titel kann etwa folgendermaßen übersetzt werden „Augenscheinlich wohltuende Auswirkungen schwacher bis mittlerer Strahlungsdosen der Atombombe auf die menschliche Lebensdauer". Nach 12-jähriger Karenzzeit beschloss das Wissenschaftliche Komitée der UNO zur Untersuchung von Auswirkungen atomarer Strahlung im Jahre 1994, seinen Bericht über Hormesis („Adaptives Verhalten von Zellen und Organismen auf Strahlung") zu veröffentlichen.

Wir wollen noch einmal zum Radon zurückkommen und uns dabei auf eine von B. Cohen im Jahre 1995 durchgeführte Untersuchung in 1730 Regierungsbezirken der Vereinigten Staaten (mit ungefähr 90 Prozent der amerikanischen Bevölkerung) stützen. Sie zeigt, dass die auf Lungenkrebs zurückgehende Sterblichkeit abnimmt, wenn der Radon-Gehalt in den Häusern zunimmt (bis zu sechs Picocurie pro Liter). Das ist das Gegenteil zur Aussage der Hypothese von der linearen Extrapolation ohne Schwellenwert. Die sehr gewissenhafte Studie bezieht Wanderbewegungen der Bevölkerung mit ein, erfasst den Anteil der Raucher, geographische Gegebenheiten, Stadt oder Land, Höhe, Klima usw.. Das Regelwerk der EPA wäre somit nicht nur verderblich, sondern auch noch schädlich.

Die Vorhersage biologischer Folgen bei sehr schwachen Strahlungsdosen gehört zu den Fragen, die der amerikanische Kernphysiker Alvin Weinberg in den Bereich dessen einordnet, was er „transscience" nennt. Darunter versteht er Fragen, die man der Wissenschaft stellen kann, auf die diese aber nicht antworten kann. So zeigen beispielsweise Untersuchungen mit sehr hohen Dosen, dass die Rate spontaner genetischer Mutationen bei Mäusen durch Röntgen-Strahlung von 0,3 Sievert verdoppelt wird. Die lineare Extrapolation ließe daran denken, dass eine Dosis von 1,5 Millisievert – die jährliche Dosis, die als annehmbares Maximum gilt – einer Rate von 0,5 Prozent Mutationen entsprechen sollte. Wollte man diese Schlussfolgerung nun experimentell mit einer Vertrauensgrenze von 95 Prozent verifizieren, hieße das, Untersuchungen an acht Milliarden Mäusen durchführen zu müssen. Mit Hilfe eines Versuches von begrenzter Dauer kann man niemals die vollständige Unschädlichkeit eines Milieu-Faktors beweisen. Und das gilt ebenso für eine andere „transwissenschaftliche" Frage: die Wahrscheinlichkeit eines extrem unwahrscheinlichen Ereignisses (Unfall in einem Atomreaktor oder zerstörerische Erdbeben in einem Gebiet, wo Erdbeben ungewöhnlich selten sind).

Eine der bedeutungsvollen, aber schwierigen Aufgaben für Wissenschaftler gilt der klaren Grenzziehung zwischen Wissenschaft und Trans-Wissenschaft: wo hört die eine auf, fängt die andere an? Der Physiker Pierre Aigrain hat anlässlich der öffentlichen Sitzung des Institut de France im Jahre 1996 darauf hingewiesen, dass der verantwortungsbewusste Wissenschaftler zwei Fallen vermeiden muss. Die erste fällt in den Bereich der Vogel-Strauß-Politik und besteht für den Wissenschaftler darin, es abzulehnen, über ein Problem auszusagen, das zwar in seinen Kompetenzbereich fällt, bei dem er aber glaubt, Partei zu sein. Die zweite Falle heißt, Risiken überzubewerten. (Ein Beispiel lieferte Arago, Gegner einer Entwicklung der Eisenbahn, „der auf geradezu apokalyptische Weise die Risiken ausmalte, denen die Nutzer dieser neuen Verkehrsart seiner Meinung nach ausgesetzt waren".) Diese Einstellung, bemerkt Aigrain, „erlaubt es dem Sachverständigen, sich reinzuwaschen, wenn irgendetwas schief geht, aber sie fördert nicht die Lösung bestehender Probleme, mit denen die Entscheidungsträger konfrontiert sind. Vielmehr kann sie sie zu ungerechtfertigten und bisweilen sehr kostspieligen Entscheidungen verführen".

Wenn etwas misslingt, verleitet der zunehmend häufiger gewählte Ausweg zu Prozessen oder juristischen Verfolgungen gegen wissenschaftliche Ratgeber der Entscheidungsträger manche Menschen offensichtlich dazu, das „Vorsichts-Prinzip" zu übernehmen. Man begegnet auch der vorsichtigen Haltung zu erklären, dass man so handeln müsse, als ob das Risiko gegeben sei, wenn man wissenschaftlich nicht beweisen kann, dass ein Risiko nicht gegeben ist. Nun kann man aber bei den Fragen der Trans-Wissenschaft niemals beweisen, dass es kein Risiko gibt.

Auf Betreiben von Gruppen, die den Gral des „Null-Risikos" in Anspruch nehmen, die bereit sind, alle anders Denkenden als von Privatinteressen gekauft zu beschuldigen, die auch vor Zivil- und Strafgerichtsklagen nicht zurückschrecken, kommt es immer häufiger dazu, dass irrationale und sehr kostspielige Maßnahmen von der öffentlichen Hand gewählt werden. Das gilt für die Vereinigten Staaten oder andere reiche Länder. Im Falle der durch Radon oder durch Asbest gegebenen Risiken werden regelrechte Panik-Kampagnen von den Medien verbreitet. Das hat dazu geführt, dass bei harmloser Situation des täglichen Lebens teure Maßnahmen ergriffen wurden, die lediglich zum Schutz von Arbeitern in Bergwerken, Baustellen oder Fabriken gerechtfertigt sind.

Die Begriffe „Radioaktivität", „Atom" und „Strahlung" stehen im Mittelpunkt einer ziemlich verbreiteten Konfusion. Das führt oft zu genauso schädlichen wie irrationalen Einstellungen. Die Bestrahlung von Lebensmitteln (Früchten, Gemüsen, Fleisch und Fisch) mit Gammastrahlen hoher Energie zerstört alle Bakterien und garantiert eine optimale Erhaltung. Und sie schaltet die Gefahr tödlicher Krankheiten, wie die Salmonelleninfektion, aus, ohne dass irgendein schädlicher Nebeneffekt gegeben ist. Nun hat es „Food and Water", eine „zurück-zur-Natur-Vereinigung", geschafft, dieses Verfahren in den Vereinigten Staaten nahezu vollständig zu blockieren. Dazu bedient man sich Presse-Kampagnen und Plakat-Aktionen, die zu Lasten der Wahrheit verlauten ließen, dass die bestrahlten Lebensmittel radioaktiv würden. Eines dieser Plakate zeigt einen Atompilz, der sich über einem Hamburger ausbreitet.

In unserer Industriegesellschaft verbindet der sprichwörtliche Mann auf der Straße den Begriff der Radioaktivität viel eher mit Atomkraftwerken als mit der natürlichen Umgebung. Aber weiß er auch, dass natürliche Atomreaktoren auf der Erde fast zwei Milliarden Jahre vor dem Erscheinen des Menschen gearbeitet haben? Der Prozess, der zu ihrer Entdeckung führte, zeigt Ähnlichkeiten mit einer Polizei-Untersuchung.

Die fossilen Atomreaktoren

Die Geschichte beginnt in der Fabrik von Pierrelatte. Dort reicherte man das natürliche Uran an spaltbarem Uran 235 an, um die Atomkraftwerke mit Brennstoff zu versorgen. Diese produzieren ungefähr 80 Prozent der Elektrizität im französischen Netz. Im Juni 1972 ließen die routinemäßig durchgeführten Analysen einen anormal niedrigen Gehalt an Uran 235 in einer Probe natürlichen Urans deutlich werden: man fand 0,7171 Prozent an ^{235}U anstelle von 0,7202 Prozent. Ein Unterschied von drei Teilen pro 100.000 mag als vernachlässigbar erscheinen. Dieser jedoch hat, sobald er bestätigt worden war, und als man sich sicher war, dass es sich nicht um einen Irrtum handelte, das ganze Kommissariat für Atomenergie in helle Aufregung versetzt. Der aktuelle Wert von 0,7202 an ^{235}U ist mit einer Abweichung bis zu 0,0006 Prozent auf der ganzen Erde konstant, auch in den Meteoriten oder in den vom Mond mitgebrachten Gesteinsproben. Wahrscheinlich gilt er für das ganze Sonnensystem.

Der Unterschuss an spaltbarem Uran, mag er auch noch so klein sein, übertraf die Ungenauigkeiten der Bestimmung somit sehr beträchtlich. Man begann, sich zu fragen, ob die verdächtige Probe nicht vielleicht mit Uran verunreinigt worden war, das bereits in einem Reaktor verbrannt und damit verarmt worden war. Bald legte man diese Hypothese zur Seite und verfolgte die Kette zurück bis zum Bergwerk von Oklo, im Becken von Franceville im Südosten Gabuns. Daher kam der mysteriöse Posten. Man fuhr zur Untersuchung dorthin und entdeckte stellenweise einen Gehalt an ^{235}U, der bis auf 0,4 Prozent herunterging. Auch fand man dort zahlreiche stabile Isotope von Elementen, die – am Ende der Zerfallsreihe – durch den Zerfall von radioaktiven Spaltprodukten des Urans 235 gebildet worden waren. Damit war kein weiterer Zweifel möglich: die anormal niedrigen Gehalte an spaltbarem Uran gingen darauf zurück, dass dieses Uran in einem aktiven natürlichen Reaktor verbraucht worden war.

Der Gehalt an Uran war lokal so weit erhöht gewesen, um die „kritische Masse" zu erreichen: Kettenreaktionen hatten, durch die Zirkulation des Wassers gemäßigt, in Gang kommen und sich während mehrerer 100.000 Jahre abspielen können. Dabei verarmte das Erz an Uran 235. Am 25. September 1972 zeigte eine Mitteilung in den Comptes rendus de l'Académie des Sciences die Entdeckung eines fossilen Atommeilers an.

In der Folgezeit hat man sechs weitere, erosiv nicht freigelegte, Reaktionsherde entdeckt – in Oklo und in Bangombé, einer anderen Lokalität des Beckens von Franceville. Diese Reaktoren haben präkambrische Alter, sind älter als 1,7 Milliarden Jahre. Das erklärt übrigens, dass sie arbeiten konnten; denn damals betrug der Erzgehalt an ^{235}U noch etwa drei Prozent. Diese Konzentration entspricht der der angereicherten Brennstoffe in Leichtwasser-Kernkraft-Anlagen. Seither hat die Konzentration durch Zerfall stark abgenommen, bis sie ihren gegenwärtigen Wert erreichte. Und deshalb kann in unseren Tagen kein natürlicher Reaktor mehr reagieren.

Man schätzt, dass die Reaktoren von Oklo sechs Tonnen ^{235}U verbraucht haben. Daraus erzeugten sie insgesamt ungefähr 15.000 Megawatt/Jahr an Energie. Verteilt man diese Energieausbeute über einige hunderttausend Jahre, entspricht sie indessen nur einem ziemlich mäßigen Ertrag in der Größenordnung von Zehnern von Kilowatt.

An dieser Stelle ist der Hinweis interessant, dass das Vorhandensein natürlicher Reaktoren bereits 1956 von dem Physiker Kuroda angenommen worden war. Er hatte die Theorie von Atom-Reaktoren vor erdgeschichtlichem Hintergrund gesehen und dargelegt, dass der kritische Punkt für ein gegebenes Verhältnis Uran/Wasser erreicht worden sein könnte und dass Kettenreaktionen in den natürlichen Gesteinen hatten in Gang gebracht werden können.

So faszinierend die Geschichte der fossilen Reaktoren auch sein mag, sie gehört der Vergangenheit an. Heute sind es die aktuellen Kernkraft-Anlagen, die zu so mancher Besorgnis Anlass geben.

Das Problem der radioaktiven Abfälle

Unsere moderne Industriegesellschaft nutzt großzügig elektrische Energie. Nun beginnt eben diese Gesellschaft seit einigen Jahren zu begreifen, dass die Umwelt Schutz verdient. Es ist kein leichtes Unterfangen, eine objektive Bilanz aufzustellen, die es erlaubt, die verschiedenen Wege der Strom-Erzeugung unter Berücksichtigung ihres Einflusses auf die öffentliche Gesundheit, auf Verunreinigungen, resultierende Schäden und ihre Kosten zu veranschlagen.

Die thermischen Kraftwerke auf Kohle- oder Öl-Basis verschmutzen die Umwelt und lassen den Gehalt an Kohlendioxid in der Atmosphäre ansteigen. Das kann über den Treibhauseffekt zu einer klimatischen Temperaturerhöhung führen, die allgemein als schädlich angesehen wird. Die Wasserkraftwerke sind keine Umweltverschmutzer; aber der Bau von Stauseen und die Schaffung gewaltiger Wasserrückhaltebecken zwingt dazu, Dörfer untergehen zu lassen oder (bisweilen einmalige) Naturdenkmale zu zerstören (wie das der Drei Schluchten am Jangtse in China). Zudem kommt es häufig zu unerwünschten Nebenwirkungen: So hat die Errichtung des Assuan-Staudammes lokal das Klima verändert, und der ägyptischen Landwirtschaft wurde der von den Hochwässern des Nils antransportierte fruchtbare Schlamm entzogen. Diese Maßnahme hat zudem die dem Meer vom Fluss ehedem zugeführte Nährstoff-Menge stark erniedrigt. Das hat zu einer 75-prozentigen Reduzierung der Fischfang-Erträge im östlichen Mittelmeer geführt.

Die Wind-Energie hat grundsätzlich zahlreiche Vorteile, allerdings auch den nicht zu verleugnenden Nachteil einer extrem niedrigen Rentabilität. Nehmen wir als Beispiel den Wind-Park auf den zur Kleinstadt Livermore benachbarten Hügeln in Kalifornien. Zehntausend Windräder soweit der Blick reicht! Viele Vögel fallen ihnen zum Opfer, und ihr Lärm stört die Anwohner. Diese, ein normales Maß überschreitende Anlage, verschlang enorm hohe Kosten, ihre Leistung aber ist lächerlich: zehn Megawatt – also ein Kilowatt pro Windrad ... wenn der Wind weht.

Es bleiben somit die Atomkraftwerke. Sie verunreinigen die Atmosphäre nicht; aber sie schaffen radioaktive Abfälle. Und es ist nicht leicht, kurzerhand die Frage zu beantworten, wie man sie beseitigen soll.

Radioaktive Abfälle sind von unterschiedlicher Natur. In den Atomreaktoren spalten die durch die Kettenreaktion erzeugten Neutronen die Kerne des spaltbaren Urans 235; das ist der Kernspaltungs-Prozess, der Energie erzeugt. Die dabei entstehenden Radioelemente sind die Spaltprodukte, von denen einige „langlebig" genannt werden, wenn ihre Halbwertszeit mehr als 30 Jahre beträgt. Beispiele sind Technetium 99 (210.000 Jahre), Jod 129 (15,7 Millionen Jahre) und Caesium 135 (2,3 Millionen Jahre). Zudem fängt das nicht spaltbare Uran 238 Neutronen ein, und dieser Prozess führt zu den sogenannten Transuranen (die im Periodensystem hinter dem Uran rangieren). Davon haben manche ein „sehr langes Leben", wie das Plutonium 239 (80.000 Jahre), das Neptunium 237 (2,14 Millionen Jahre) und verschiedene Isotope des Americum und des Curium.

So erzeugt beispielsweise ein Atomkraftwerk von 1.300 Megawatt Leistung pro Jahr ungefähr 260 Kilogramm Plutonium, 14 Kilogramm Neptunium und 12 Kilogramm Americum. Nun hat Neptunium 237, wie oben angegeben, eine Halbwertszeit von 2,14 Millionen Jahren, und das bedeutet, dass nach Ablauf dieser Zeit noch immer sieben Kilogramm nicht zerfallenen Neptuniums übrig sind, und dass man mehr als 20 Millionen Jahre warten müsste, bis nicht mehr als einige zehn Gramm übriggeblieben sind. Spaltprodukte und Transurane sind in den „abgebrannten" Brennelementen enthalten, die man ersetzen muss, um den Reaktor weiter betreiben zu können Im übrigen bestrahlen die erzeugten Neutronen das Baumaterial, im wesentlichen die metallische Umhüllung, die die Brennelemente einschließt, und machen sie radioaktiv. Diese bestrahlten Bauteile lässt man im allgemeinen in Abklingbecken „abkühlen", um sie anschließend in besonderen Deponien speichern zu können.

Das allergrößte Problem gilt den „Abfällen" mit sehr hoher Aktivität und großer Halbwertszeit, wie sie die verbrauchten Brennstäbe darstellen. Es stellt sich von Land zu Land anders, abhängig von der jeweils verfolgten Politik. Manche Länder, wie beispielsweise Frankreich, bereiten die abgebrannten Brennelemente wieder auf. Dabei werden Plutonium und die anderen Transurane von nicht-spaltbarem Uran getrennt. Das Plutonium kann in Mischbrennelementen aus Oxiden des Urans und des Plutoniums wiederverwendet werden, während die Elemente von sehr hoher Aktivität auf ein kleines Volumen reduziert werden. Andere Staaten, wie die USA, betreiben keine Wiederaufbereitung. Die verbrauchten Brennelemente stellen somit ein großes Volumen an Abfällen hoher Radioaktivität dar.

Die hochkonzentrierten Lösungen von sehr hoher Aktivität werden im allgemeinen in Borosilikat-Gläsern fest eingeschlossen. Diese Einglasung von sehr hochaktiven „Abfällen" ist das gängige Verfahren in den meisten Staaten, die die Brennelemente der Atomkraftwerke wieder aufbereiten. So halten es beispielsweise auch die Vereinigten Staaten mit den aus dem militärischen Nuklear-Programm stammenden „Abfällen". Die verwendeten Gläser haben den Vorteil, in Wasser kaum löslich zu sein und, im Prinzip, die Temperaturerhöhung und die Bestrahlung gut auszuhalten, die aus der Anwesenheit radioaktiver Stoffe resultieren ... zumindest solange sie Gläser sind. Tatsächlich kann nicht ausgeschlossen werden, dass die Gläser unter den Extrembedingungen, denen sie standhalten müssen, rekristallisieren. Und dann verlören sie einen Teil ihrer Eigenschaften.

In der Natur sind die Atome der radioaktiven Elemente fest in das kristalline Gitter einzelner Minerale eingeschlossen. Dieses Wissen ließ den australischen Geochemiker Ted Ringwood 1978 vorschlagen, die Abfälle mit hoher Strahlungsaktivität in einem „synroc" genannten synthetischen Gestein zu verschließen, das aus Mineralen zu gestalten wäre, die die radioaktiven Atome wirksam „einsperren" könnten. Dieser „synroc" wird aus Oxiden des Titan, Zirkon, Calcium, Barium und Aluminium hergestellt, denen ungefähr 20 Prozent hochaktiver konzentrierter Lösung beigemischt wird. Dieses Gemenge wird anschließend calciniert und unter Druck auf etwa 1200 °C erhitzt. Das auf diese Weise synthetisierte Gestein besitzt ausgezeichnete Eigenschaften bei hoher Temperatur und bei Bestrahlung, deutlich bessere jedenfalls als die Borosilikat-Gläser. Dennoch hat dieser „synroc", ungeachtet seiner Eigenschaften, noch kein wirkliches Interesse gefunden, obwohl in Australien eine kleine Pilotanlage zu seiner Herstellung erbaut wurde. Zahlreiche Länder mit Programmen zur Gewinnung von Atomstrom bereiten die Brennstäbe nämlich gar nicht wieder auf, und diejenigen, die es wie Frankreich tun, haben eigene Programme zur Einschließung der Abfälle in Glas entwickelt.

Was auch immer mit den großvolumigen Abfällen oder den „Paketen" sehr hoher Aktivität – in Edelstahl-Behältern eingeschlossenen Glasblöcken – passiert, die grundsätzliche Frage lautet, was mit den Abfällen zu

Abb. 7: Mikroskopisches Bild eines Gesteins aus Feldspat (helle Bereiche), Biotit (dunkel) u.a. Der Biotit-Kristall in der Bildmitte zeigt sogenannte pleochroitische Höfe um radioaktive Strahlung emittierende Einschlüsse wie z.B. Zirkon. Die Ausschnittvergrößerung zeigt einen solchen Zirkon mit seinem pleochroitischen Hof im Biotit. (Photos: Kiénast)

tun ist, die über mindestens 10.000 oder 100.000 Jahre gefährlich bleiben und – bei manchen trifft das zu – sogar für einige Millionen Jahre. Damit stellt sich die Frage nach der Verantwortung gegenüber zukünftigen Generationen. Im juristischen Sinne besteht diese Verantwortung in der Verpflichtung zur Behebung Dritten zugefügten Schadens. Aber wie soll man einen Schaden beheben, der erst in 100.000 Jahren entstehen wird?

Pierre Strohl, hoher Beamter bei der Atomenergie-Kommission der OECD, zieht es vor, den unscharfen Begriff der Verantwortung durch die angemessenere Verpflichtung zur Vorbeugung zu ersetzen. Es handelt sich darum, „den zukünftigen Generationen nicht die Risiken und Belastungen zu überantworten, die von den lebenden als inakzeptabel betrachtet werden".

Es gibt zwei Denkansätze, die beide, der eine wie der andere, auf Zuversicht gründen: entweder man verwahrt die Abfälle unter Kontrolle in unterirdischen, vor Wasser geschützten Lagern in Wüstenregionen auf. Dieser Weg würde jederzeit Zugang gewährleisten und im Ernstfall erlauben, die Strategie zu ändern, wenn sich in der Zukunft eine bessere Lösung anbietet. Oder man entledigt sich der Abfälle dadurch, dass man sie irreversibel im Untergrund verbarrikadiert und hofft, dass die „Geologie" für immer vor jeder Entwicklung geschützt ist. Im ersten Falle vertraut man auf die Intelligenz zukünftiger Generationen und ihre Fähigkeit, aufs Beste mit dem von uns hinterlassenen vergifteten Geschenk fertig zu werden. Im anderen Falle setzt man Vertrauen in die gute Mutter Natur, welche die jeder geologischen Umwälzung vorenthaltenen Lokalitäten wird beschützen müssen oder aber vor allem auf die Fähigkeiten der Wissenschaftler, deren (geologische) Entwicklung richtig vorauszusehen.

Bleibt, woran niemand ernsthaft denkt, der finanziell extravagante (und im Falle eines Unglückes irgendwie riskante) Vorschlag, die „Abfall-Pakete" durch Raketen in den Weltraum, in eine Umlaufbahn um die Sonne, zu schießen. Weiterhin hat man die Möglichkeit erwogen, die Abfälle mit den ozeanischen Sedimenten in den Tiefseesenken der Subduktionszonen verschlucken zu lassen, dort, wo die Platten in den Mantel abtauchen. Das ist eine Lösung, die man nicht von vornherein, ohne ernsthafte Untersuchungen, zurückweisen sollte.

Die Tiefenlagerung der Abfälle

Zum gegenwärtigen Zeitpunkt ist die Einlagerung in der Tiefe der Erdkruste die Lösung, der sich die Staaten angeschlossen haben, die sich ihrer Abfälle entledigen müssen. Als Befürworter einer oberflächennahen Verwahrung sieht Claude Allègre in dieser Politik Grundreflexe von Angst: „Warum sollte man die Abfälle in der Tiefe „beerdigen"? Die einzige Rechtfertigung für die Entwicklung dieser Technik ist die Angst. Wenn man sie tief eingegraben hat, sieht man sie nicht mehr.

Die Angst vor der Kernenergie hat einen weit zurückliegenden Ursprung, den man zweifellos auf die irrationale Furcht zurückführen kann, die die Alchimisten bei ihrer Suche nach der Verwandlung der Elemente beeinflusste. Sie wird aber auch, viel einfacher, durch die Erinnerung an die Atombomben von Hiroshima und Nagasaki genährt, an die schädlichen Niederschläge nach Nuklearversuchen in der Atmosphäre und an die Unfälle von Three Mile Island und Tschernobyl.

Wie dem auch immer sei, man wird die Langfrist-Sicherheit der Tiefenlagerung abschätzen müssen. Ein Unsicherheitsfaktor sind die schwierig in den Griff zu bekommenden Möglichkeiten der tektonischen und magmatischen Entwicklung (Erosion, Erdbeben, Grabenbildung, Vulkanismus u.a.). Daneben besteht als größeres, in Betracht zu ziehendes Risiko die Möglichkeit eines Wassereinbruchs in das Lager in der Tiefe. Niemand erwägt ernsthaft, dass die Verpackungen der heißen und intensiver Strahlung ausgesetzten „Pakete" langfristig korrosionsbeständig sind. Genauso wird sich das Glas, das die radioaktiven Atome außer Betrieb setzen soll, nach einigen hundert oder tausend Jahren allmählich auflösen, vergehen und seinen Inhalt an das umgebende Gestein freigeben. Eine mögliche Folge könnte eine dauerhafte Verunreinigung des Grundwassers sein. Die Giftigkeit der direkt zugeführten radioaktiven Elemente lässt sich durch die Wassermenge ausdrücken, die notwendig wäre, sie bis zu einer harmlosen Lösung zu verdünnen. So müsste nach Ablauf von 10.000 Jahren beispielsweise ein Gramm Americium 243 in einer Million Liter Wasser gelöst werden.

Man muss somit zunächst stabile und impermeable Gesteinsfolgen auswählen, von denen man glaubt, dass sie ihre Eigenschaften sehr lange behalten werden: Salzstöcke und Tone oder Granite ohne bruchtektonische Kennzeichen. Die Impermeabilität [Undurchlässigkeit] von Gesteinen kann aber nicht mit letzter Sicherheit garantiert werden. Deshalb muss man sorgfältig ausgearbeitete Barrieren vorsehen, die man beispielsweise aus Blähtonen errichten kann, weil diese Wasser binden. Diese Barrieren zögern im Falle eines Wassereinbruches den Kontakt mit dem Wasser hinaus und verlangsamen die Emigration und die Verteilung der radioaktiven Elemente über große Distanzen. Nützliche Erkenntnisse kann man auch aus dem Studium der natürlichen Abschirmung von Spaltprodukten gewinnen, die man in der Nachbarschaft der fossilen natürlichen Reaktoren von Oklo beobachtet hat.

Einzelne Länder haben unterirdische Laboratorien eingerichtet, in denen man die mechanischen Eigenschaften von Gesteinen, den Wasserkreislauf und die Verteilung von Tracer-Elementen im Inneren eines Gebirges studieren kann. Als Beispiele seien hier das in 220 Meter Tiefe in Tonen gelegene Labor „Hades" in Mol, Belgien, und das schwedische Granit-Labor in Äspö genannt.

In Frankreich hat die Regierung nach vier Jahren intensiver geologischer Untersuchungen und öffentlicher Anhörungen gegen Ende 1998 die Errichtung zweier unterirdischer Labors beschlossen. Eines wird in Bure an der Maas in den Tonen des Pariser Beckens errichtet und das andere in einem Granit. Die Lokalität muss noch festgelegt werden. Im Jahre 1999 wurde die ANDRA, die nationale Agentur für die Behandlung radioaktiver Abfälle, damit beauftragt, das Labor von Bure in 500 Meter Tiefe zu erbauen. In diesen Labors darf bis 2006 gearbeitet werden. Dann wäre ein Bericht an das Parlament über die Zweckmäßigkeit, an einer dieser Lokalitäten ein Zentrum für die unterirdische Lagerung hochradioaktiver Abfälle zu errichten, fällig.

In Deutschland ist der Salzstock von Gorleben im Jahre 1977 für ein unterirdisches Lager für hochradioaktive Abfälle bestimmt worden. Die ersten Arbeiten begannen 1979. 1984 erhielt die Lokalität die Erlaubnis, als Zwischenlager zu öffnen. Dieser Schritt aber wurde im Gefolge von Protesten von Kernkraftgegnern über ein Jahrzehnt hinausgeschoben. 1995 hat der erste Transport von Behältern aus der Wiederaufbereitungsanlage in La Hague/Cotentin stattgefunden. Er wurde von einem eindrucksvollen Aufmarsch von Ordnungskräften beschützt. Unter dem Druck von Gruppen von Kernkraftgegnern wurde ein Moratorium über Erkundungsarbeiten für die Endlagerung bis 2010 beschlossen. Der Bericht einer internationalen Expertengruppe kam im Jahre 2001 zu dem Urteil, dass es überhaupt keinen Zweifel an der Eignung Gorlebens für ein Endlager gäbe, und dass die Erkundungsarbeiten nicht unterbrochen werden sollten. Aber der Bericht wird angefochten und bis zum heutigen Tage setzen die Kernkraftgegner ihre Proteste fort und versuchen, die Transporte mit den Behältern nach Gorleben zu bekämpfen.

Im Jahre 1999 hat das Energie-Ministerium der Vereinigten Staaten die sogenannte „Waste Isolation Pilot Plant" (WIPP) in 700 Meter Tiefe in der Steinsalz-Formation von Carlsbad, Neumexiko, eröffnet. Die Abfälle an Transuranen stammen aus der Kernwaffen-Produktion, und sie werden dort für 35 Jahre gelagert. Vorausgegangen waren Forschungsarbeiten von mehr als 20-jähriger Dauer, die zwei Milliarden Dollar gekostet und 84.000 Berichtseiten geliefert hatten.

Am 14. Februar 2002 beschloss der Präsident der Vereinigten Staaten den Bau eines Untertagespeichers bei Yucca Mountain, Nevada, ungefähr 150 Kilometer nordwestlich von Las Vegas. Der Gouverneur von Nevada legte Widerspruch ein, der vom Repräsentantenhaus am 9. Mai 2002 zurückgewiesen wurde. Aufgrund des *Nuclear Waste Policy Amendment Act of 2000* muss die *Nuclear Regulatory Commission* die endgültige Entscheidung über den Bau des Speichers vor dem 31. Januar 2006 treffen. Die Gegnerschaft Nevadas wird von Zweifeln an der Solidität der wissenschaftlichen Entscheidungsgrundlagen bestimmt, obwohl mehr als 20 Jahre lang für vier Milliarden Dollar geforscht worden ist. Im einzelnen wird die Lagerung in 300 Meter Tiefe vorgesehen in einer grundsätzlich trockenen Zone, 300 Meter oberhalb des Grundwasserspiegels. Aber es hätte den Anschein, dass Regenwässer in diese Zone infiltrieren und (dann) das Grundwasser verunreinigen könnten, wenn die Abschirmung der Behälter im Laufe der Zeit erwartungsgemäß schadhaft wird.

Wenn der Senat Nevada Recht gibt, besteht keine Alternative für die Lagerung hochradioaktiver Abfälle und die verbrauchten Brennelemente aus rund einhundert Kernkraftwerken. Abfälle verbrauchte Brennelemente werden gegenwärtig provisorisch in Lokalitäten gelagert, die die Staaten aus einleuchtenden Sicherheitsgründen möglichst schnell abschaffen wollen.

Eines der zahlreichen Probleme im Zusammenhang mit der Standort-Wahl für Müll-Deponien (übrigens nicht nur nuklearen Typs) hängt nämlich mit dem (von den Amerikanern so genannten) NIMBY-Syndrom zusammen. Nimby ist das Acronym für „*not in my backyard*" und kann man mit „*nicht in meinem Garten*" übersetzt werden.

Gar keinen Widerstand gibt es allerdings gegen eine Lagerung der Abfälle in Nachbars Garten. Die Wahrnehmung dessen, was man als „Garten" nicht verunstaltet sehen möchte, hängt von zahlreichen geographischen, administrativen und sozioökonomischen Faktoren ab. So wird eine Entscheidung über die Eröffnung einer Deponie leichter in einem armen und unterentwickelten Gebiet getroffen werden können, wenn sie Arbeitsplätze schafft, als dort, wo es nicht weit zum Zweitwohnsitz wohlhabender Städter ist.

Die Tiefenlager-Lösung für hochradioaktive Abfälle wird in zahlreichen Ländern untersucht. In anderen ist sie kurz davor, realisiert zu werden. Und dennoch zeigt sich dabei, dass das nicht ohne Probleme geht und nicht, ohne Zurückhaltung oder Widerstand hervorzurufen. Gibt es also keine Alternative? Und weiß man wirklich nichts anderes als die Natur handeln zu lassen? Soll man wirklich mit verschränkten Armen herumstehen, während die gefährlichen Kerne in ihren unterirdischen Sarkophagen im Laufe von Jahrmillionen zerfallen?

Es gibt nämlich sehr wohl eine Alternative; sie gründet auf dem alten Traum der Alchimisten und heißt Verwandlung der Metalle. Natürlich ist man seit langem davon überzeugt, dass es kein Wundermittel jemals geschafft hat, minderwertiges Blei in Gold zu verwandeln. Dennoch ist das alles nur eine Energie-Frage, und die kernenergetischen Reaktionen gestatten es sehr wohl, effektiv ein Metall in ein anderes zu verwandeln... um übrigens schließlich beim Blei zu enden. Wenn man sie einem intensiven Neutronen-Beschuss aussetzt, können sich die Kerne entweder in viel kleinere zerlegen (Spaltung), oder sie können auch ein Neutron einfangen. Und das ist, wie wir gesehen haben, der Prozess, durch den die schweren Elemente bei der Explosion von Supernovae gebildet worden sind.

Wenn man folglich eines der Transuran-Elemente, Neptunium 237, dessen Halbwertszeit bei 2,14 Millionen Jahren liegt, mit Neutronen beschießt, wandelt es sich in Plutonium 238 um. Dessen Periode ist kürzer als 80 Jahre. Und nach einigen weiteren Zwischenschritten endet diese Kette bei Blei 206. Und das ist stabil und nicht aggressiv.

Die Verbrennung der Abfälle

Das Prinzip ist verführerisch. Aber es bereitet noch viele, in der Zukunft zu lösende Probleme, wenn man den bisweilen als „Verbrennung der Abfälle" bezeichneten Weg beschreiten will. Zunächst gibt es dafür kein Einheits-Verfahren: Die Bedingungen der Umwandlung (Transmutation) sind für jedes Element anders, und es gibt viele Elemente. Dann besteht der Zwang, chemische Methoden zur Isolierung der Elemente zu entwickeln, die man transmutieren möchte, die man in hoher Konzentration in geeignete Stoffe einbauen muss, um sie anschließend beschießen zu können.

Der italienische Physiker und Nobelpreisträger Carlo Rubbia befürwortet ein als „hybrid" bezeichnetes Reaktor-System, das, mit einem Protonenbeschleuniger verbunden, die Energie erzeugen würde, indem es eine bestimmte Zahl langlebiger Spaltprodukte, wie Technetium 99 und Jod 129, umwandeln würde. Der Reaktor ist unterkritisch, d.h. dass die Neutronen nicht wie in einem klassischen Reaktor durch Kettenreaktionen vermehrt werden. Im Prinzip beschießt ein Beschleuniger mit hochenergetischen Protonen eine Zielscheibe aus 10.000 Tonnen geschmolzenen

Bleis. Die bei einem als „Spallation" bezeichneten physikalischen Prozess erzeugten Neutronen können die im Reaktor eingelagerten Spaltprodukte umwandeln und an den Spaltungsreaktionen teilnehmen, die die Energie erzeugen. Rubbia denkt nicht an Uran 235; vielmehr zieht er das System Thorium – Uran als Ausgangsmaterial in Betracht. Thorium 232 ist nicht spaltbar. Aber er führt über das Einfangen von Neutronen zu Uran 233, das seinerseits spaltbar ist.

Der Thorium-Reaktor hat augenscheinlich eine Reihe von Vorteilen. Zunächst kommt Thorium fast viermal so häufig wie Uran in der Natur vor. Dann ist dieser Weg viel sicherer als die klassischen Wege: der Reaktor kann nicht „durchgehen", da es keine Kettenreaktionen gibt. Schließlich reduziert er die Entstehung von Transuranen auf ein Minimum.

Die Verbrennung von Abfällen steht im Mittelpunkt eines Studienprogrammes des Atomenergie-Kommissariates. Es ist in vielgestaltige internationale Kooperationen eingebunden. Das letzte Ziel dieser Studien gilt der Reduzierung des Volumens radioaktiver Abfälle auf 80 Prozent; zudem soll die Radiotoxizität nach einigen hundert Jahren etwa auf das Maß derjenigen des natürlichen Urans reduziert werden, was die Natur nur in hunderttausenden von Jahren schafft.

Zum gegenwärtigen Zeitpunkt zieht man nicht in Betracht, dass auch nur ein Verfahren vor 2020 Betriebsreife haben könnte. Wenn nun aber nicht alle nuklearen Programme auf Druck bestimmter Gruppen zum Stehen kommen, wird die Abfall-Produktion bis zu diesem Zeitpunkt zunehmen. Deshalb ist das Studium von Übergangslösungen unerlässlich. Die Tiefenlagerung ist eine davon.

Klima und Inneres der Erde

Auf den ersten Blick vermag man sich nur mit Schwierigkeiten vorzustellen, worin das Klima, d.h. das Wetter über einen Zeitraum von zehn- oder hunderttausend Jahren, mit Austauschvorgängen mit dem Inneren der Erde verbunden sein könnte. Es ist nämlich allgemein bekannt, dass das Klima mit der Atmosphäre und der Sonne zu tun hat.

Die Meteorologie ist die Wissenschaft von den Phänomenen der Atmosphäre: Wind, Regen, Schnee, Luftmassen, Tiefs und Antizyklonen. Die moderne Klimatologie gründet auf Modellen der allgemeinen Zirkulation der Atmosphäre, die im globalen Maßstab an die ozeanische Zirkulation gekoppelt ist.

Man weiß, dass es die von der Sonne stammende Energie ist, die die konvektive Dynamik der Atmosphäre bestimmt. Es ist die Sonneneinstrahlung, die die Luft in den äquatorialen Gebieten erwärmt und die Atmosphäre durch Verdunstung an der Oberfläche des Meeres mit Wasserdampf anreichert. Die warme und feuchte Luft steigt auf; sie kühlt sich ab, und der Wasserdampf wird zu Niederschlägen kondensiert.

Die von der geographischen Breite bestimmte Verteilung der Sonneneinstrahlung beherrscht, von Land- und Wassermassen moduliert, die geographische Verteilung der Klimazonen. Das Klima hat aber eine Geschichte. Die ist – in verschiedenen Zeitmaßstäben – reich an Fluktuationen. Im Laufe dieser Klimageschichte haben Veränderungen der mittleren globalen Temperatur bisweilen mehrere Grade erreicht. Und das ist beachtlich.

So hat die Erde mehrere Eiszeiten durchgemacht, von denen die letzte vor ungefähr 10.000 Jahren zu Ende ging. Sie hatte ihr Maximum vor etwa 18.000 Jahren. Die mittlere Temperatur lag damals um 5 °C tiefer als heute, und der Mensch von Cro-Magnon jagte Mammut, Ren und Aurochs.

Die Sahara ist nicht immer eine Wüste gewesen, und der Name „Grönland" bedeutet „grünes Land"; denn so hatte es der Wikinger Erik der Rote erlebt, der im zehnten Jahrhundert die Kolonien an der Südküste gegründet hatte. Auf der anderen Seite waren die Winter während der „Kleinen Eiszeit", die Europa im 16. bis 18. Jahrhundert erlebte, streng, und die alpinen Gletscher waren damals weit ins Vorland vorgerückt.

Die glazialen Zyklen werden heute ziemlich gut durch die Theorie erklärt, die um 1920 von Milankovitch vorgeschlagen worden war. Das Erscheinen oder das Verschwinden von Vereisungen wird von der Intensität der sommerlichen Sonneneinstrahlung bestimmt. Diese hängt von drei astronomischen Parametern ab, die mit verschiedenen Periodizitäten variieren:

(a) die Neigung der Rotationsachse der Erde auf der Ebene ihres Umlaufes schwankt mit einer Periode von 41.000 Jahren zwischen 21,5 ° und 24,5 °. Sie bestimmt die Intensität jahreszeitlicher Kontraste.

(b) die Exzentrizität des Umlaufes der Erde um die Sonne, deren Variation mit einer Periode von 100.000 Jahren den Abstand Erde/Sonne um etwa 12 Prozent verändert, und schließlich

(c) der Perihel: der zur Sonne nächste Punkt der Erdumlaufbahn verlagert sich während seines Weges entlang der Orbitalbahn in einem Zyklus von 21.000 Jahren, während dessen das Perihel-Datum das Jahr durchläuft. (Gegenwärtig kommt die Erde der Sonne im Januar am nächsten.)

Aber die Milankovitch-Theorie erklärt weder die über einige Jahre spürbaren Klimaschwankungen, noch gibt sie über die seit Beginn des Industriezeitalters offensichtlich beobachtete Temperatur-Zunahme Rechenschaft. Somit muss man die Rolle der Wechselbeziehungen zwischen dem Innern der Erde und der Atmosphäre betrachten.

Die fossilen Brennstoffe, Kohle, Erdöl oder Erdgas sind seit Millionen oder Hunderten von Millionen Jahren in der Erdkruste gespeichert. Der Mensch baut sie ab, holt sie mit ständig wachsendem Takt hervor und verbrennt sie als Energielieferanten. Abfallprodukt der Verbrennung ist das Kohlendioxid (CO_2). Dies gelangt in die Atmosphäre, wo es über den Treibhauseffekt zur Erwärmung des Globus beiträgt. Demgegenüber schießen manche Vulkanausbrüche bedeutende Mengen an feinen Stäuben und vor allem an schwefelhaltigen Aerosolen in die Stratosphäre. Diese reflektieren die Sonneneinstrahlung und erniedrigen auf diese Weise die Temperatur an der Oberfläche. Die komplexen Wechselbeziehungen zwischen diesen Faktoren werden bisher weder genau verstanden noch zutreffend modelliert.

Das Kohlendioxid und der Treibhauseffekt

In der Schule lernt man, dass die Luft aus einem Fünftel Sauerstoff, vier Fünfteln Stickstoff und aus winzigen Mengen an Edelgasen, Neon, Argon usw., besteht. Es erscheint kaum mitteilenswert, dass ungefähr ein Prozent der Luft (der Atmosphäre) aus Wasserdampf, Kohlendioxid (CO_2) und Methan (CH_4) besteht. Und doch ist die globale Temperatur dank gerade dieser minoritären Gase so angenehm. Wenn die Atmosphäre ausschließlich aus Stickstoff und Sauerstoff bestünde, läge die mittlere Temperatur ungefähr 20 °C unter dem Gefrierpunkt, d.h. etwa 30 °C unter ihrem aktuellen Wert.

Tatsächlich durchquert der nicht von Stäuben und Aerosolen reflektierte Teil der Sonnen-Energie die Atmosphäre und erwärmt die Erde, die eine Infrarotstrahlung zurückschickt. Diese wird nun von Stickstoff und Sauerstoff durchgelassen, nicht aber von den oben genannten minoritären Gasen. Diese absorbieren vielmehr die Infrarotstrahlung und erwärmen im Gegenzug die Erde.

Der Physiker Fourier hatte das Phänomen bereits im Jahre 1824 verstanden und folgendermaßen beschrieben: „Es ist so, dass die Temperatur durch die Zwischenschaltung der Atmosphäre erhöht wird, weil der Wärme in Form von Licht weniger Widerstand entgegengesetzt wird, wenn sie in die Luft eindringt, als auf dem Rückweg, wenn sie in obskure Wärme umgewandelt ist." Der Vergleich mit den Glaswänden eines Gewächshauses, die das Sonnenlicht durchlassen, aber die „obskure" Wärme, d.h. die Infrarotstrahlung, zurückhalten, setzte sich schnell durch, und man sprach vom Treibhauseffekt.

In seinem populärwissenschaftlichen Buch „*L'évolution des mondes*" [Die Entwicklung des Kosmos] (franz., 1910) schrieb der schwedische Chemiker und Nobelpreisträger Svante Arrhenius: „Fourier, der große französische Physiker, erkannte bereits, dass unsere Atmosphäre eine gewaltige Schutzwirkung gegen den Wärmeverlust durch Strahlung ausübt. Seine Gedanken wurden später von Pouillet und von Tyndall aufgegriffen. Ihre Theorie heißt „Theorie des warmen Gewächshauses", weil diese Physiker annahmen, dass unsere Atmosphäre dieselbe Rolle spielt wie die Verglasung eines Gewächshauses. [...] Die solare Wärme ist zum größeren Teil lichtförmig, und dafür ist das Glas durchlässig. Sie kann in das Gewächshaus hinein und dort den Boden erwärmen. Dieser aber sendet nur „obskure" Strahlen zurück, die das Glas nicht durchdringen können.

Letzteres schützt somit das Innere des Gewächshauses etwa so, wie ein Mantel unseren Körper vor Wärmeverlust durch Strahlung bewahrt".

Der größte Teil des Kohlendioxids der primitiven Atmosphäre der Erde ist im Calciumkarbonat von Schalen und Skeletten mariner Organismen festgelegt worden: planktonische Mikroorganismen, Schalen und Korallen, die auf dem Meeresboden sedimentiert werden. Es liegt also an den

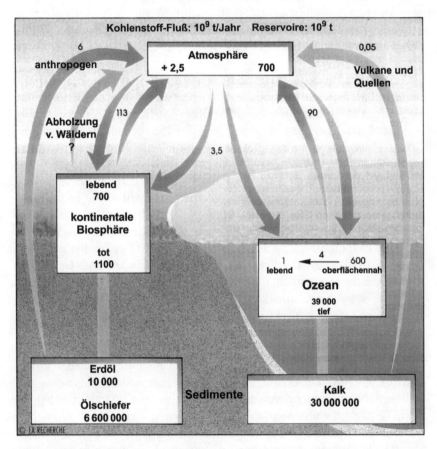

Abb. 8: Der CO_2-Gehalt der Atmosphäre wird durch die mehr oder weniger schnellen Austausch-Vorgänge zwischen den verschiedenen natürlichen Reservoiren bestimmt: Ozeane, Biosphäre und Atmosphäre. Dieser Kohlenstoff-„Fluß" wird in Gigatonnen pro Jahr angegeben (1 Gt = 10^9 t). – Nach LAMBERT (1992: 554, Abb. 4).

mächtigen Karbonatfolgen, die im Laufe geologischer Zeiten sedimentiert wurden, dass der CO_2-Gehalt der Atmosphäre nur 0,03 Prozent beträgt. Der Treibhauseffekt, der auf das Kohlendioxid und vor allem auf den Wasserdampf zurückgeht, verhilft uns zu der angenehmen mittleren Temperatur von 15 °C (anstatt minus 20 °C). Dabei kommt dem Wasserdampf als Treibhausgas eine noch deutlich größere Wirksamkeit zu. Es ist unter diesen Umständen übrigens eine glückliche Konsequenz, dass Wasser auf unserem Planeten in drei Aggregatzuständen auftreten kann – flüssig, gasförmig und fest.

Auf der Venus dagegen ist die Atmosphäre zu 97 Prozent aus Kohlendioxid zusammengesetzt. Der Treibhauseffekt feiert fröhliche Urstände, und die Temperatur erreicht 460 °C. Das Wasser ist vollständig verdampft, und das trägt zusätzlich zum Treibhauseffekt bei.

Und schon sind wir bei der alten Frage, was zuerst da war, das Huhn oder das Ei? Ist das Leben auf der Erde erschienen, weil Wasser verfügbar und die Temperaturbedingungen günstig waren? Oder sind diese Bedingungen nur eine Folge des Auftretens von Lebewesen, die das Kohlendioxid in ihre kalkigen Schalen verbannten?

In einem 1896 erschienenen Aufsatz des Titels „On the influence of carbonic acid in the air upon the temperature of the ground" [Über die Bedeutung der Kohlensäure in der Luft auf die Bodentemperatur] berechnete Arrhenius die Temperatur-Erniedrigung bzw. -Erhöhung in Abhängigkeit von Abnahme bzw. Zunahme des CO_2-Gehaltes der Lufthülle. Nach gut 30-seitiger Berechnung erklärt Arrhenius: „Ich hätte diese aufwendigen Rechnungen gewiss nicht unternommen, wenn nicht ein außerordentliches Ziel damit verbunden wäre". Es handelt sich für ihn nämlich darum, die großen Eiszeiten der erdgeschichtlichen Vergangenheit zu erklären. Er kam zu dem Ergebnis, dass zur Temperaturerniedrigung um vier bis fünf Grad Celsius – das entspräche einer Eiszeit – zwischen dem 40. und 50. Breitengrad der CO_2-Gehalt um einen Faktor von etwa 0,6 erniedrigt werden muss. Eine Bilanz über Bildung und Festlegung von Kohlendioxid führte ihn zu der Schlussfolgerung, dass der CO_2-Gehalt der Atmosphäre im Laufe geologischer Zeiten mehrere Male sowohl größer als auch kleiner als heute gewesen sein könnte.

Man musste ein Jahrhundert warten, bis die Schlussfolgerungen des schwedischen Gelehrten endlich – zumindest qualitativ – verifiziert wurden. Dann wurden nämlich die Bohrungen im Eis der polaren Eiskappen abgeteuft, die die entscheidenden Kriterien lieferten. Diese durch Bohren gewonnenen Eiskerne verkörpern sogenannte „Eis-Archive", was heißen soll, dass die ehemaligen Bedingungen (CO_2-Gehalt, Temperatur usw.) im Eis registriert sind. Man schneidet den Kern in Scheiben, die dann analysiert werden; je tiefer eine solche Scheibe hinabreicht, um so weiter reicht sie in die Vergangenheit zurück.

Ein Eiskern von mehr als 2500 Meter Länge, den sowjetische Expeditionen an der Lokalität Vostok in der Antarktis gewonnen hatten, ist von einer Wissenschaftler-Gruppe des „Laboratoire de glaciologie et de géophysique de l'environnement" in Grenoble analysiert worden. Die tiefsten Lagen beproben das Eis, das durch Kompaktion von Schnee entstanden ist, der vor 220.000 Jahren, während der vorletzten Eiszeit, gefallen war. (Im Januar 1996 hatte die Bohrung eine Teufe von minus 3350 Meter erreicht. Das Eis dort unten hat ein Alter von 400.000 Jahren.) Man trifft im Laufe der Jahre eine bemerkenswerte Korrelation zwischen dem Gehalt an CO_2 und an CH_4 in den im Eis eingeschlossenen Luftblasen und der Lufttemperatur zur Zeit der Schneefälle. (Die Temperatur bestimmt man dadurch, dass man das Sauerstoff-Isotopenverhältnis im Eis mißt.) Die beobachteten Änderungen der Gehalte an CO_2 und CH_4 gehen wahrscheinlich auf Modifikationen bei Freisetzung und Absorption dieser Gase zurück, die an Prozesse wie die ozeanische Zirkulation gebunden sind.

Es ist schwierig festzustellen, ob der wesentliche Grund für die Erhöhung der Temperatur eine Zunahme des Gehaltes an Kohlendioxid ist, oder ob die Ozeane aufgrund einer Temperatur-Erhöhung weniger CO_2 lösen können, es darum freisetzen. Eine solche Temperatur-Erhöhung könnte nach der Milankovitch-Theorie auf eine Änderung der sommerlichen Sonnen-Einstrahlung zurückgehen. Wie dem auch immer sei, unzweifelhaft gibt es eine Wechselbeziehung zwischen mittlerer Temperatur und Gehalt an Kohlendioxid.

Methan und Treibhauseffekt

Methan (CH_4) stammt unter anderem aus der Fermentation organischer Substanz in Mooren und Reisfeldern. Es kommt auch in den Darmgasen von Wiederkäuern vor, auch bei Termiten, und zwar jeweils als Nebenprodukt beim Verzehr von Zellulose. Methan wird auch von Bakterien erzeugt, die in Sauerstoffarmen Milieus leben, wie etwa den Schlämmen der ozeanischen Tiefenwasser-Bereiche. Beiläufig sollte man festhalten, dass der Gehalt an Methan in der Atmosphäre in dem Maße wächst, wie sich der Reisanbau ausbreitet, um eine wachsende Bevölkerung zu ernähren.

Methan trägt zum Treibhauseffekt sehr wirkungsvoll bei. Nun ist seine Konzentration kleiner als die des Kohlendioxids, und man brauchte darüber nicht mehr viele Worte zu verlieren, gäbe es nicht infolge eines interessanten Prozesses die Möglichkeit eines Austausches zwischen Kruste und Atmosphäre. Und die Folgen für das Klima sollte man möglicherweise nicht übersehen.

Beträchtliche Volumina von Methan können nämlich in Form von Clathraten in relativ oberflächennahen Abschnitten der Kruste gespeichert werden.

Clathrate sind Gashydrate, sehr symmetrische, fest verbundene kristalline Gemische von Wassermolekülen, die eine Architektur von polyedrischen Käfigen haben. Im Inneren eines jeden Käfigs ist ein Gasmolekül eingeschlossen, das die Struktur stabilisiert. Diese Hydrate sind Druck- und Temperaturempfindlich, und stabil nur bei relativ erhöhtem Druck und bei niedrigen Temperaturen. Man findet sie somit in Dauerfrostböden, den auf ewig gefrorenen Böden der arktischen Tundren, oder in marinen Sedimenten, die zwischen 300 und 2000 Meter unter dem Meeresboden begraben sind. Nun stellen die Clathrate Gas-Reservoire von erstaunlicher Kapazität dar: ein Kubikmeter des Methan-Hydrates ergibt, auf Oberflächen-Temperatur und -Druck gebracht, 164 Kubikmeter Methan und nur 0,8 Kubikmeter Wasser.

Man schätzt, dass unter den Ozeanböden zwischen 10.000 und 15.000 Milliarden Tonnen Kohlenstoff in Form von Methanhydraten lagern. Das ist doppelt so viel an Kohlenstoff, wie für die bekannten Reserven an fossilen Brennstoffen, Kohle, Gas oder Erdöl, hochgerechnet wurde.

Stellen wir uns vor, dass die globale Temperatur durch eine Änderung der sommerlichen Sonnen-Einstrahlung hinreichend steigt, um die relativ oberflächennah lagernden Clathrate instabil werden zu lassen, so dass sie mit dem Entweichen beginnen. Methan würde in die Atmosphäre entweichen, wo es seine Rolle als Treibhauseffekt-Verstärker spielen würde. Zudem könnte es zu Kohlendioxid oxidiert werden. Die Temperatur würde daraufhin noch mehr ansteigen, was zur Freisetzung von noch mehr Methan führen sollte, vom Kohlendioxid gänzlich zu schweigen, dessen Löslichkeit im Meerwasser abnimmt, wenn die Temperatur steigt.

Kurz, man würde einem Ausufern des Treibhauseffektes beiwohnen. Es gibt Stimmen, die glauben, dass sich das vor ungefähr 13.500 Jahren ereignet haben muss. Und das habe das ziemlich schnelle Ende der letzten Eiszeit eingeleitet.

Es gibt gewiss schon hinreichend viele Faktoren, die in einer noch wenig bekannten Art und Weise zusammenwirken, um Änderungen des Weltklimas hervorzurufen. Es sieht aber auch so aus, dass man eine mögliche Rolle von Methan-Ausdünstungen der Kruste in die Atmosphäre nicht ausseracht lassen darf.

Fossile Brennstoffe und der anthropogene Treibhauseffekt

Die Wissenschaftler des 19. Jahrhunderts hatten die Bedeutung des Kohlendioxids für den Treibhauseffekt (bereits) erkannt. Arrhenius hatte, wie wir gesehen haben, sogar die Temperaturverschiebungen in Abhängigkeit vom CO_2-Gehalt der Atmosphäre berechnet. Er war sich auch voll und ganz bewusst, dass die immer mehr fossile Brennstoffe verbrauchende und somit immer mehr Kohlendioxid entwickelnde Industrie mit der Zeit eine Erwärmung der Erde provozieren müsste. Aber er war, wie wir noch sehen werden, darüber nicht erschrocken.

Im Jahre 1938 hatte Guy Stewart Callendar, ein britischer Ingenieur, verschiedene Messungen zusammengestellt; dabei war er zu dem Schluss gekommen, dass der CO_2-Gehalt der Atmosphäre seit 1890 um zehn Prozent zugenommen hatte. Das sollte, so meinte er, die für diese Zeitspanne beobachtete Erwärmung erklären. Er hielt das im übrigen nicht für besonders schwerwiegend; denn er glaubte, dass der Ozean das CO_2 genauso schnell absorbieren würde, wie es produziert würde, wenn der Gehalt zu groß würde.

Dann herrschte bis gegen Ende der 50er Jahre Ruhe. Tatsächlich gab es nur wenige experimentelle Daten zur Absorption der Infrarotstrahlung durch das Kohlendioxid. Zudem waren die wenig verlässlich. Es gab wenige Messungen zur CO_2-Menge in der Atmosphäre, und man glaubte allgemein, wie Callendar, dass der Ozean mit seinem Absorptionsvermögen für beachtenswerte Gasmengen die Schwankungen mildere, dass er eine Art Stabilisator spiele.

Erst im Jahre 1957 zeigten Roger Revelle und Hans Suess von der Scripps Institution of Oceanography in Kalifornien, dass die Geschwindigkeit der CO_2-Absorption durch den Ozean viel geringer als erwartet war. Auch wiesen sie darauf hin, dass der CO_2-Gehalt der Atmosphäre in den folgenden Jahrzehnten kritisch werden könnte, wenn der industrielle Verbrauch an Brennstoffen weiterhin exponentiell wachsen sollte. Sie formulierten eine Warnung, in der sie sagten: „Die Menschheit ist gerade dabei, ein geophysikalisches Experiment großen Maßstabes durchzuführen, das weder in der Vergangenheit hätte stattfinden, noch in der Zukunft wird wiederholt werden können. In einigen Jahrhunderten geben wir der Atmosphäre und den Ozeanen den organischen Kohlenstoff zurück, der über Hunderte von Millionen Jahren in den Sedimentgesteinen eingelagert worden war". Sie empfahlen, das Internationale Geophysikalische Jahr (1957/58) zu nutzen, um mehr verlässliche Messdaten zur Entwicklung des CO_2-Gehaltes der Atmosphäre zu erhalten.

Der Vorschlag fand Gehör: Ein Programm zur Messung atmosphärischen Kohlendioxids wurde erstellt, und Messstationen wurden weitab von jeder direkten industriellen Verschmutzung errichtet, am Südpol und auf dem Gipfel des erloschenen Hawaii-Vulkans, des Mauna Loa. Man stellte definitiv fest, dass die Menge atmosphärischen Kohlendioxids seit Beginn des Industrie-Zeitalters wuchs.

An den Tatsachen gibt es keine Zweifel. Allein die Schlüsse, die man daraus ziehen kann, sind noch bei weitem nicht klar. Man braucht tatsächlich nicht mehr darüber zu diskutieren, dass die Industrie CO_2 in die Atmosphäre pumpt. Kann man dann aber so einfach, wie es Arrhenius tat, die daraus ableitbare Erwärmung berechnen? Ist die seit einigen Jahren vermeintlich beobachtete Erwärmung auf natürliche Gründe zurückzuführen, oder handelt es sich bereits um eine vom Menschen verursachte globale Erwärmung?

Es stellen sich mehrere Fragen: Zunächst muss man, um den Einfluss des anthropogenen Eintrags an CO_2 in die Atmosphäre auf die Erwärmung beurteilen zu können, vorab eine gute Vorstellung von der natürlichen Variabilität des Klimas haben. Die Milankovitch-Theorie trägt, wie oben gezeigt, Klima-Zyklen im Maßstab von 10.000 Jahren und auch den Eiszeiten durch Änderungen der Sonneneinstrahlung Rechnung.

Anders verhält es sich bei kurzperiodigen Schwankungen. So hat man beispielsweise versucht, die Kleine Eiszeit des 16.–18. Jahrhunderts auf eine Phase reduzierter Sonnen-Aktivität zurückzuführen. Die ist unter der Bezeichnung „Maunder-Minimum" bekannt. In der Zeit gab es sehr wenige Sonnenflecken. Das Maunder-Minimum währte 70 Jahre, während die Kleine Eiszeit 300 Jahre dauerte. Zudem haben Klimatologen erst

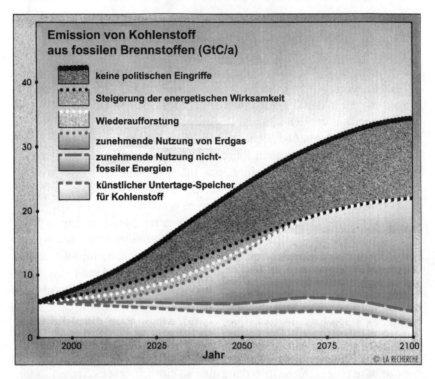

Abb. 9: *Hochrechnung der Kohlenstoff-Emission (GtC/Jahr) aus fossilen Brennstoffen bis zum Jahre 2100. Die Summe der Einzelkurven soll verdeutlichen, was bei konzertiertem Einsatz der unterschiedlichen Lösungs-Ansätze in der Zeit zu erwarten ist. – Nach GRUBB (1992, Abb. 5).*

kürzlich eine Hypothese aufgestellt, dass das an ozeanische Zirkulation gekoppelte Klima chaotische Schwankungen durchmachen könnte, die sich schnell, in einigen Jahrzehnten, äußern könnten.

Schließlich ist jede Voraussage der Klima-Entwicklung von der Verwendung von Modellen abhängig. Diese werden, notwendigerweise stark vereinfacht, auf Hypothesen und physikalischen Gesetzen aufgebaut, die durch miteinander verbundene mathematische Ausdrücke und Gleichungen dargestellt werden. Die Atmosphäre wird in Kästchen aufgeteilt, in deren Innerem die Gleichungen auf immer schnelleren und größeren Rechnern numerisch gelöst werden.

Die Modelle müssen verschiedenen Parametern Rechnung tragen. Dabei genügt nicht nur die Entwicklung des Gehaltes an atmosphärischem Kohlendioxid, die heute ziemlich gut bekannt ist vielmehr muss auch die Dynamik der CO_2-Absorption bzw. CO_2-Freisetzung durch den Ozean berücksichtigt werden, was eine bessere Kenntnis der Entwicklung ozeanischer Zirkulationen voraussetzt. Eine nicht geringe Schwierigkeit besteht schließlich darin, Rückkopplungen, positive und negative, in die Rechnungen einzubeziehen.

So fördert ein Anstieg der Temperatur die Verdunstung über den Ozeanen. Also nimmt die Atmosphäre mehr Wasserdampf auf, welcher für den Treibhauseffekt von zweimal so großer Wirksamkeit wie Kohlendioxid ist. Damit haben wir im Prinzip eine positive Rückkopplung und eine Verstärkung der Temperaturerhöhung. Aber die Geschichte ist noch komplizierter; denn eine Verstärkung der Evaporation führt auch zu einer Zunahme der Wolkenbildung. Nun reflektieren aber Wolken die Sonnenstrahlen, bewirken damit Temperatur-Erniedrigung auf der Erde; aber sie fangen auch die von der Sonne stammende Infrarotstrahlung. Und das ist wieder ein Faktor für Erwärmung.

Die Auswirkung von Wolken auf das Klima ist wahrscheinlich ein betrachtenswerter Parameter. Aber er ist bei weitem weniger bekannt als jener des Kohlendioxids. Der Grund dafür ist banal. Während die Geschichte des CO_2 im Laufe geologischer Zeiträume von den Paläoklimatologen aus den Schalen mariner Mikroorganismen und aus Eiskernen rekonstruiert werden kann, hinterlassen Wolken keine Spuren.

Die Schwefelhaltigen Aerosole und die feinen Stäube stellen eine weitere Quelle für Rückkopplung dar. Wir werden weiter unten sehen, dass sie, weitgehend vulkanischen Ursprunges, in der sehr hohen Atmosphäre vorkommen und dort einen Teil der Sonneneinstrahlung reflektieren. Die dadurch bedingte Abkühlung könnte teilweise die Erwärmung kompensieren, die durch den Treibhauseffekt im Gefolge anthropogener Gase ausgelöst wird. Andererseits dienen die schwefelhaltigen Aerosole in der untersten Atmosphäre als Kondensationskeime für Wolken. Sie sind durchweg industriellen Ursprungs, obwohl der Eintrag durch das marine Phytoplankton nicht übersehen werden darf und in großem Maßstab Dimethylsulfid erzeugt, welches in der Atmosphäre zu Sulfat-Aerosolen oxidiert wird.

Man sieht, dass es zahlreiche Unsicherheitsquellen gibt, und dass die noch ziemlich unvollkommenen Modelle Vorhersagen liefern, die von den

Hypothesen abhängen, die zur Aufstellung des Modells führten. Es gibt Pessimisten, die so weit gehen, zu behaupten, dass in den Erdwissenschaften kein einziges Modell jemals „verifiziert" werden kann; denn niemals kennt man alle jene Faktoren, die mitspielten. Selbst Einmütigkeit bei den aktuellen Gegebenheiten müsse den auf die Zukunft gerichteten Hochrechnungen nicht notwendigerweise Vertrauen schenken. Zum einen könnten zwei unterschiedliche Modelle ganz genau dieselben Antworten geben (das ist der Fall, den die Wissenschaft „Nicht-Einmaligkeit" nennt), und zum anderen könnten unvorhergesehene Ereignisse plötzlich eintreten.

Nach den bisherigen Darlegungen bleibt anzumerken, dass die Mehrzahl der heutigen Modelle in drei Punkten übereinstimmt: Sie sagen eine Zunahme der mittleren Temperatur von etwa zwei Grad Celsius voraus, wenn der Gehalt an CO_2 in der Atmosphäre verdoppelt wird. Sie sagen voraus, dass die Erwärmung in den hohen Breiten deutlicher ausfällt als in den tropischen Zonen. Und schließlich, dass die Erwärmung in den Tropen in der Höhe am stärksten wäre. Weiter unten werden wir die Folgen sehen, die sich aus einer Erwärmung ergeben könnten.

Vulkane und Klima

In einer am 22. Dezember 1784 vor der Literarischen und Philosophischen Gesellschaft von Manchester verlesenen Mitteilung stellte Benjamin Franklin, damals Botschafter der jungen Vereinigten Staaten von Nordamerika in Frankreich, Betrachungen zur Meteorologie an und bemerkte: „Während mehrerer Sommermonate des Jahres 1784 lag ein Dunst dauerhaft über ganz Europa und über einem großen Teil von Nordamerika. In dieser Zeit hätten die Sonnenstrahlen in diesen nördlichen Gebieten eigentlich die größte Wärmewirkung auf die Erde ausüben sollen. Dieser Dunst hatte etwas Permanentes. Er war trocken, und die Sonnenstrahlen schienen nur geringe Wirkung zu haben, ihn zu vertreiben. Das gelingt ihnen leicht bei einem feuchten Nebel, der sich über den Wassern erhebt. Die Sonnenstrahlen wurden beim Durchgang durch diesen Dunst tatsächlich so abgeschwächt, dass sie, durch ein Brennglas focussiert, kaum Packpapier entflammen konnten. Natürlich wurde ihre sommerliche Wärmewirkung auf die Erde stärkstens geschwächt. Also ist die Oberfläche zeitig gefroren. Also blieben schon die ersten Schneefälle, ohne zu tauen, liegen, und ständig kam neuer Schnee hinzu. Also wurde die Luft noch weiter abgekühlt, und die Winde waren von strenger Kälte. Also wurde der Winter 1783/84 vielleicht noch rauer als irgendeiner seit zahlreichen Jahren. Über den Anlass für diesen universellen Dunst haben wir noch keine Sicherheit.

Entweder könnte er sich auf dieser Erde ereignet haben, könnte es ein einfacher Rauch gewesen sein, der daher stammt, dass irgendeine dieser großen Feuerkugeln vom Feuer verzehrt wurde, der wir gelegentlich auf unserer schnellen Bahn um die Sonne begegnen, und von denen man bisweilen sieht, wie sie in Flammen aufgehen und bei Eintritt in die Atmosphäre zerbersten. Deren Rauch könnte von unserer Erde angezogen und zurückgehalten worden sein. Oder hätte der Anlass diese ungeheure Menge Rauch gewesen sein können, die während des Sommers lange Zeit der Hekla auf Island ununterbrochen entströmte und aus diesem anderen Vulkan, der sich nahe dieser Insel aus dem Meer erhebt? Dieser Rauch hatte durch wechselnde Winde über den nördlichen Teil der Welt ausgebreitet werden können. Das ist es, was noch unklar ist."

Wie wir im Vulkan-Kapitel gesehen haben, spielte Franklin auf den Ausbruch des Vulkans Laki an. Damit wurde er der erste Gelehrte, der einen Vulkanausbruch als Ursache für ein klimatisches Phänomen begriff. Wir sollten übrigens festhalten, dass es sich dabei um eine Hypothese unter vielen handelte, und dass Franklin auch die Möglichkeit ins Auge gefasst hatte, dass ein Komet für die beobachtete Abkühlung verantwortlich sein könnte.

Der Laki-Ausbruch hatte vor allem Laven gefördert und wenig Aschen. Dazu muss man anmerken, dass die Aschen im allgemeinen ziemlich schnell auf die Erde zurückfallen, und dass ihre Verweilzeit in der Atmosphäre wahrscheinlich zu kurz ist, um einen signifikanten Langzeit-Effekt auf das Klima ausüben zu können. Die klimatischen Auswirkungen gehen eher auf die Löslichkeit von Schwefel im Magma zurück und damit auf das Volumen geförderter Laven. Und die Laki-Laven waren sehr reich an Schwefel.

Man weiß heute, dass das bei den Eruptionen freigesetzte Schwefeldioxid [SO_2] mit feuchten Luftmassen reagiert und zu einem Aerosol aus feinen Schwefelsäure-Tröpfchen führt. Die reflektieren einen Teil des einfallenden Sonnenlichtes. Um langfristige Auswirkungen auf das Klima zu haben, muss eine Eruption mindestens einige Millionen Tonnen Schwefelsäure in die Stratosphäre, d.h. in mehr als 20 Kilometer Höhe, schicken.

Der eindrucksvolle Ausbruch des Mt. St. Helens im Jahre 1982 ist, aus klimatischer Sicht, bedeutungslos geblieben: er produzierte nur 300.000 Tonnen an Schwefelsäure-Aerosolen. Der El Chicón in Mexiko dagegen, der ebenfalls 1982 ausbrach, produzierte 10 bis 20 Millionen Tonnen Schwefelsäure.

Der größte Aerosol-Ausstoß des Jahrhunderts aber geht auf das Konto der 1991er Pinatubo-Eruption auf den Philippinen: 30 Millionen Tonnen Schwefelsäure wurden in mehr als 30 Kilometer Höhe geschossen. Daraufhin lag 1992 die mittlere Temperatur der tiefen Atmosphäre um 0,2 °C tiefer als der von 1958 bis 1991 ermittelte Durchschnittswert. Die vulkanogene Temperatur-Erniedrigung übertraf während dieser Zeit die Erwärmung durch den Treibhaus-Effekt.

Was soll man tun?

Die Theorie des Treibhaus-Effektes ist eine der am besten abgesicherten der atmosphärischen Wissenschaften. Die Frage lautet somit nicht, ob es den Treibhaus-Effekt tatsächlich gibt. Es gibt ihn. Daran zweifelt niemand. Das wahre Problem heißt, abschätzen zu können, mit welcher globalen Temperatur-Erhöhung man rechnen muss, wenn die CO_2-Belastung der Atmosphäre im gegenwärtigen Rhythmus beibehalten wird oder auch in reduziertem Maße. Dabei sind alle positiven und negativen Rückkopplungseffekte zu bedenken, die noch wenig bekannt und in den noch zu einfachen Modellen auch unzureichend berücksichtigt sind.

Man sollte sodann entscheiden, welche Maßnahmen – oder auch nicht – im internationalen Rahmen zu ergreifen sind, was die Angelegenheit nicht gerade vereinfacht. Die Entscheidung, wenn es denn eine gibt, hängt davon ab, welche Vorstellung man sich von der Dringlichkeit des Problems macht: beginnt man mit der Wahrnehmung einer Erwärmung, die auf einen anthropogen bedingten Treibhauseffekt zurückgeht? Oder unterscheidet sich das vermeintlich wahrgenommene Signal nicht von dem Hintergrundgeräusch natürlicher klimatischer Veränderungen?

Man muss schließlich auch die Reaktionszeit bedenken, welche Maßnahme auch immer ergriffen wird. Wenn morgen die Entscheidung getroffen würde, die Emission der für den Treibhauseffekt verantwortlichen Gase drastisch zu begrenzen, müsste man Jahrzehnte warten, um den „Erfolg" sehen zu können.

Fragen wir also zunächst, mit welchen Folgen man im Falle einer Erwärmung rechnen muss.

Arrhenius sah in seiner „Entwicklung des Kosmos" die Frage durch eine rosarote Brille. Er dachte, dass die durch den Treibhauseffekt bedingte Erwärmung dazu beitragen könnte, zwei große Probleme unserer Zeit lösen zu können, die Erschöpfung der Energie-Ressourcen und die Überbevölkerung: „Häufig vernimmt man Befürchtungen, weil die auf unserer Erde vorhandenen Kohle-Reserven von der gegenwärtigen Gesellschaft abgebaut und verbraucht werden, ohne dass man irgendeine Vorsorge, noch eine Rücksicht auf die Zukunft walten ließe. Zur selben Zeit erschrickt man über die großen Verluste an Leib und Leben, Hab und Gut im Gefolge von vulkanischen Ereignissen unserer Tage. Vielleicht werden wir es eines Tages für zweckmäßig halten, uns zu beruhigen, wenn wir daran denken, dass es hier, wie so oft, nur auf der einen Seite Schaden zugunsten der anderen gibt. Im Gefolge der CO_2-Zunahme in der Luft dürfen wir auf Zeiten hoffen, die dem Menschengeschlecht ausgeglichenere Temperaturen bieten und angenehmere Klimabedingungen. Das wird sich dann ohne Zweifel in den (heute) kältesten Zonen unserer Erde auswirken. Diese Zeiten werden es den Böden erlauben, bemerkenswert größere Ernten zu liefern. Und das wird zum Nutzen einer Bevölkerung geschehen, die vermeintlich auf dem Wege ist, sich schneller als jemals zuvor zu vermehren".

Dieser Optimismus, den wir nur als einfältig bewerten können, ist heute nicht mehr angebracht. Es ist klar, dass sich manche kalten Länder (u.a. natürlich Skandinavien, die Heimat von Arrhenius) nur glücklich fühlen könnten, wenn sie angenehmere Jahreszeiten hätten. Es ist zudem wahr, dass die Zunahme des CO_2-Gehaltes in der Luft, unabhängig von der Temperaturerhöhung, eine Steigerung der Photosynthese bewirkt und das Pflanzenwachstum fördert. Diese Wohltaten würden nun aber keineswegs gleichmäßig über alle Regionen der Erde verteilt sein. Und unter den Problemen, die eine globale Erwärmung der Menschheit bereiten würde, sind zwei besonders besorgniserregend: Zunächst ist mit einer beschleunigten Erschöpfung der Wasserreserven zu rechnen, worauf wir weiter unten zurückkommen werden. Und dann gibt es den Fragenkreis des Meeresspiegelanstieges.

Die heute verfügbaren Modelle stimmen insgesamt darin überein, dass sie, unter der Annahme einer Verdopplung des CO_2-Gehaltes in der Atmosphäre, eine Temperaturzunahme von im Mittel zwei Grad Celsius im

Jahre 2100 voraussagen. Die polaren Eismassen würden anfangen zu schmelzen. Das arktische Packeis schwimmt auf dem Wasser, sein Schmelzen würde am Meeresspiegel deshalb nichts ändern. Anders verhält es sich mit den mächtigen Eisschilden Grönlands und des antarktischen Kontinentes. Schließlich und vor allem muss man die thermische Ausdehnung der ungeheuren Wassermassen bedenken, die in den Ozeanen enthalten sind. Dieses alles zusammengenommen, würde um das Jahr 2100 zu einem Meeresspiegelanstieg führen, der zwischen 50 und 150 Zentimeter erreichen sollte. Das aber bedeutete für Venedig ernsthafte Probleme, insbesondere aber für die sehr bevölkerungsreichen Flachländer wie Bangladesh, die Niederlande oder die Malediven, von denen einige – teilweise oder vollständig – von der Karte verschwinden würden.

Wohltaten und Schäden im Gefolge der Erwärmung sind nun nicht gleichmäßig auf die verschiedenen Länder verteilt. Somit zeichnet sich im Weltmaßstab ein politisches Problem ab und das um so mehr, als zahlreiche Länder der Dritten Welt unter den am wenigsten begünstigten wären, die aber, zumindest zum gegenwärtigen Zeitpunkt noch, nur sehr wenig zur CO_2-Emission beitragen.

Das Problem ist um so schwerwiegender, als man, ungeachtet aller bis auf den heutigen Tag angehäuften wissenschaftlichen Informationen, mit einem Fall konfrontiert ist, der in die Zuständigkeit von „transscience" im Sinne des amerikanischen Physikers Weinberg fällt.

Die amerikanischen Industriellen stehen jeder Maßnahme, die darauf abzielte, die Emission von Kohlendioxid zu reduzieren, feindlich gegenüber. Sie argumentieren, dass das auf Dauer den ökonomischen Ruin der Vereinigten Staaten bedeuten würde, und dass die klimatischen Modelle, die die Erwärmung vorhersagen, auf jeden Fall viel zu unvollständig sind, um eine darauf aufbauende Maßnahme rechtfertigen zu können. Darauf hat ein amerikanischer Geophysiker nur erwidert, dass die ökonomischen Modelle, die vernichtende Konsequenzen voraussagen, noch weniger verlässlich sind als die klimatologischen.

Was sagen nun die Klimatologen? Für den Belgier André Berger „haben die Temperaturzunahme, die Konzentrationszunahme der Gase im Gefolge des Treibhauseffektes und die Gesetze der Physik mehr als einen Spezialisten davon überzeugt, dass mit einer Intensivierung des Treibhauseffektes zu rechnen ist: Alles weitere ist zu entscheiden, wenn man ausreichend sicher beteuern kann, dass sich die Störung bereits vollzieht. Zu wissen, wann man sich entscheiden wird, nicht länger auf einen verspäteten Bus zu warten, hängt entscheidend von persönlichen Umständen ab; das ist ein Wert-Urteil. Und so steht es auch mit dem Problem der (klimatischen) Störung durch den Treibhauseffekt".

Der amerikanische Klimatologe Stephen Schneider fasst das Problem mit ähnlichen Worten zusammen: „Zu entscheiden, ob ein vorhandener Grad an wissenschaftlicher Unsicherheit ausreicht, um eine abwartende Haltung oder aber eine sofortige Handlung zu rechtfertigen, ist kein wissenschaftliches Urteil, kein der Kritik mit wissenschaftlichen Methoden ausgesetztes Problem. Es ist vielmehr ein persönlich gefärbtes Urteil, das von der Wahl unter zwei Einstellungen abhängt: Entweder man empfindet mehr Abneigung dagegen, die gegenwärtigen Ressourcen als Garantie gegen mögliche Änderungen in der Zukunft einzusetzen; oder man glaubt mehr daran, dass die zukünftige Änderung nicht schnell eintritt, ohne dass wir irgendwelche Anstrengungen unternommen haben, sie zu verlangsamen oder anzupassen".

Was soll man also tun? Sehen wir dabei einmal davon ab, dass man natürlich an einem angenehmen Ort eine internationale Konferenz einberufen kann oder einen Gipfel der Staatschefs und der Regierungen. Schneider sieht nur die Wahl unter drei Vorgehensweisen: technische Gegenmaßnahmen zu ergreifen, um das Klima zu modifizieren – Strategien der Anpassung an die Erwärmung zu ergreifen – oder versuchen, der Erwärmung vorzubeugen und sie abzuschwächen.

Die Ingenieure und Wissenschaftler sind nicht gerade einfallslos, um technische Lösungen zur Klimaveränderung vorzuschlagen. So könnte man beispielsweise Stäube in die Stratosphäre schießen, um eine Abkühlung zu provozieren. Dennoch hieße das, beim gegenwärtigen Stand unserer Kenntnisse der komplexen Klimamechanismen, Zauberlehrling zu spielen. Und das Heilmittel könnte schlimmere Folgen haben als die Krankheit.

Die Anpassung an die Änderung macht eine Übereinkunft zwischen den reichen Ländern und denen der Dritten Welt notwendig. Die hätte allerdings wenig Aussicht, auch verwirklicht zu werden. In den reichen Ländern könnte im übrigen der Konflikt zwischen dem Gemeinwohl und den privaten Interessen sehr wohl zugunsten der letztgenannten enden.

Die Vorbeugung stößt auf Probleme derselben Art. Es wäre notwendig, die Emission von CO_2 in den Industrienationen auf gesetzgeberischem Wege zu beschränken. Aber das ist offenbar nicht ohne eine tiefgehende Veränderung des Lebensstils möglich, dem die Privilegierten augenscheinlich verhaftet sind. Das hat man anlässlich der Internationalen Konferenz von Kyoto, Ende 1997, gesehen, die nur zu Entscheidungen von geringer Tragweite führte. Trotzdem würde in den Vereinigten Staaten, wo der Straßenverkehr eine bedeutende Quelle für das Kohlendioxid darstellt, eine mäßige Steuer auf das gegenwärtig lächerlich billig verkaufte Benzin zweifellos zu einer spürbaren Verringerung bei der Emission von Treibhauseffekt-Gasen führen.

Technische Fortschritte können den sogenannten sanften Energien, der Solar- oder der Windenergie, mehr Wettbewerbschancen einräumen. Aber das würde bestenfalls nur einen kleinen Teil des Gesamtverbrauchs an Energie ausmachen.

Und damit bleiben trotz der Befürchtungen, die manche in dieser Hinsicht haben, die Atomkraftwerke. Sie erzeugen kein Kohlendioxid, und man darf hoffen, dass die neuen Anlagen das Problem der langlebigen radioaktiven Abfälle minimieren. Insbesondere der hybride Thorium-Reaktor, den Carlo Rubbia vorschlug, ist ohne Zweifel ein ernsthafter Konkurrent für die Fusionsreaktoren, deren wahrscheinliches Datum für eine Inbetriebnahme immer wieder hinausgeschoben wird.

Das Ozon in der Stratosphäre

Wer diesen Überblick über die schicksalsschweren, durch menschliches Tun erzeugten Änderungen der Atmosphäre abschließen will, kommt nicht umhin, auf das Problem der Verminderung des stratosphärischen Ozons einzugehen. Es gibt nämlich zahllose Beziehungen zwischen der Dynamik der Atmosphäre und den Prozessen der Bildung und Zerstörung des Ozons.

Während ein Sauerstoff-Molekül aus zwei Sauerstoff-Atomen gebildet wird, entsteht ein Ozon-Molekül aus drei Sauerstoff-Atomen. Das verleiht dem Ozon-Gas andere physikalische und chemische Eigenschaften als dem Sauerstoff. Ozon besitzt einen bezeichnenden Geruch, der zu dem Namen führte (gr. ozein – einen Geruch verbreiten). Ozon ist ein sehr energisches Oxidationsmittel und auch ein Gift. In starkem Maße absorbiert es die langwellige UV-Strahlung (zwischen 0,24 und 0,32 mm). Diese Eigenschaft ist von größter Bedeutung, weil sie dem in der Stratosphäre verfügbaren Ozon die Möglichkeit gibt, die energiereiche und für die Lebewesen höchst gefährliche solare UV-Strahlung zu filtern.

Das Ozon in der Stratosphäre

Ozon wird in der Stratosphäre, in 20 bis 40 Kilometer Höhe, durch eine Reihe photochemischer Reaktionen gebildet, bei denen die Sonnenstrahlung eine Rolle spielt. Das zweiatomige O_2 wird durch die Strahlung in sehr reaktionsfähigen atomaren Sauerstoff gespalten. Der vereinigt sich schnell mit O_2 zu O_3. Dabei wird Wärme freigesetzt, die die Temperatur der Stratosphäre ansteigen lässt. Ozon absorbiert die UV-Strahlung und zersetzt sich seinerseits in O_2 und O, was nun insgesamt zu einer Gleichgewichtsreaktion führt.

In der Atmosphäre gibt es auch akzessorische Komponenten, die die Rolle von Katalysatoren haben und dazu beitragen, das Ozon und den atomaren Sauerstoff zu zerstören. Das sind freie Radikale, die OH^-, NO^- und insbesondere die Cl^- und ClO^- Gruppen. Diese sind sehr reaktionsfreudig, weil sie ein freies Elektron besitzen, das nur danach trachtet, sich anzulagern. Diese können (alle) natürlichen Ursprungs sein. Sie entstehen an der Erdoberfläche, und wenn ihre Lebenszeit in der unteren Atmosphäre lange genug dauert, können sie in die Stratosphäre gelangen. Dort nehmen sie dann an Reaktionen teil, die zum Konzentrationsgleichgewicht des Ozons führen. Das ist beispielsweise der Fall beim Methylchlorid (CH_3Cl), von dem die Algen des ozeanischen Phytoplanktons ungefähr fünf Millionen Tonnen pro Jahr produzieren, und dessen Lebensdauer in der niedrigen Atmosphäre eineinhalb Jahre beträgt. Es hat Zeit, in die Stratosphäre zu diffundieren, wo es durch das Sonnenlicht dissoziiert und oxydiert wird. Dabei entstehen atomares Chlor und Chloroxide.

Unter den Bedingungen natürlichen Gleichgewichts erhielte man, wenn das in der Stratosphäre vorhandene Ozon bei einer Atmosphäre Druck und bei der Temperatur von 17 °C vereinigt wäre, eine Lage von drei Millimetern Dicke. Der Ozongehalt der Stratosphäre wird übrigens von den Spezialisten nach der Lagen-Dichte gemessen. Dabei entspricht eine Einheit, das Dobson, einem Hundertstel eines Millimeters. Es ist nach dem englischen Physiker benannt, der als erster, um 1920, den Ozon-Gehalt der Stratosphäre gemessen hatte. Man spricht also von einer „Ozon-Schicht"; man sollte sich aber bewusst bleiben, dass es, genau genommen, keine Ozon-Schicht gibt, und dass das Gas in Abhängigkeit von der Höhe mit wechselnden Konzentrationen verdünnt ist.

Chlorierte Komponenten natürlichen Ursprungs werden auch – schneller und direkt – von den Vulkanen in die Stratosphäre injiziert. Die 1982er Eruption des El Chichón in Mexiko hat ungefähr 100.000 Tonnen Salzsäure in die Stratosphäre geschickt. Diese zwar bedeutsamen, dennoch aber punktförmigen und relativ seltenen Emissionen vermindern zeitlich begrenzt die Konzentration stratosphärischen Ozons. Dieser „Input" ist aber nicht der Rede wert, wenn man ihn mit den „anthropogenen", d.h. auf menschliches Handeln zurückgehenden, Emissionen vergleicht.

Um 1970 begann man nämlich, eine Verringerung der Menge stratosphärischen Ozons zu bemerken. Man maß spektrometrisch und benutzte dabei zurecht die Absorptions-Eigenschaft des Ozons im Ultraviolett-Bereich des Lichtspektrums. Die potentiellen Folgen einer zunehmenden Verringerung wären unübersehbar schwerwiegend, da die nicht mehr herausgefilterten UV-Strahlen Hautkrebs und genetische Anomalien auslösen könnten. Zunächst beschuldigte man – und zwar vehement – die Flüge der Überschallflugzeuge (Concorde) in der Stratosphäre. Heute sind sie 100-prozentig reingewaschen. Besser noch: man weiß, dass sie die Ozon-Konzentration erhöhen.

Im Laufe der Jahre wurden die Messungen immer weiter verfeinert. Heute benutzt man die Spektrometrie in verschiedenen Langwellenbereichen und verwendet dabei Ballon- und Satellitengestützte Geräte oder die Streuung von der Erde ausgesandten Laserstrahlen (Lidar). Der Satellit Nimbus, der die ganze Erde in einem Tag überdeckt, ermöglicht tägliche Karten der Ozon-Mächtigkeit.

Das Ozonloch

Seit 1986 zeichnet sich die Sorge klarer ab. Damals hat man nämlich auf eine bedeutsame Verdünnung der Ozonschicht aufmerksam gemacht – und zwar in einem Stratosphären-Abschnitt über dem antarktischen Kontinent: das berühmte „Ozonloch". Am ausgeprägtesten ist die Verminderung gegen Ende des Südwinters, im Oktober. Zwischen 1987 und 1990 hat die minimale Dichte der Ozonschicht 1,2 Millimeter betragen. Das entsprach einem Verlust von mehr als 95 Prozent des Ozons zwischen 16 und 20 Kilometer Höhe. Inzwischen kennt man mit den anthropogenen Chlorfluorkohlenwasserstoffen (CFK, auch FCKW) die Schuldigen; aber es gibt auch erschwerende natürliche Umstände.

Die Chlorfluorkohlenwasserstoffe sind Verbindungen, die durch Substitution durch Chlor- und Fluor-Atome in der Formel der Kohlenwasserstoffe entstehen. (Ein Beispiel sei $CFCl_3$, bei dem ein Fluor-Atom und drei Chlor-Atome die vier Wasserstoff-Atome des Methans [CH_4] ersetzen.) Es sind reaktionslose Gase, nicht entzündbar, chemisch sehr wenig reaktionsfreundlich und ungiftig. Diese Eigenschaften haben ihnen zu vielfältiger industrieller Anwendung verholfen, insbesondere als Treibgase in Sprühdosen, Kühlmitteln oder in den synthetischen Schäumen, die zur Verpackung oder zu thermischer Isolation verwendet werden. Nun ist es gerade diese chemische Stabilität, die von den Anwendern so geschätzt wird, die das ganze Unglück erzeugt. Die in die Atmosphäre freigesetzten Chlorfluorkohlenwasserstoffe werden dort nicht abgebaut: sie bleiben über Jahrzehnte beständig, was ihnen die Möglichkeit bietet, in die Stratosphäre zu entweichen. Dort aber können sie der starken Sonnenstrahlung nicht standhalten, und sie dissoziieren unter Freisetzung von Chlor und freien Radikalen. Von denen weiß man, dass sie aktiv an Vorgängen zur Zerstörung des Ozons beteiligt sind. Und um das Unglück nun auch wirklich voll zu machen, sind die Fluorchlorkohlenwasserstoffe auch noch hochwirksame Treibhaus-Gase.

Erschwerende Umstände kommen aus der polaren Meteorologie der Antarktis und von den Vulkanen. Während des Südwinters herrscht am Südpol Nacht, und es ist sehr kalt. Die polare Stratosphäre ist von wärmeren Luftmassen durch einen Wirbel starker Winde, den polaren Wirbel, isoliert, und die Temperatur erreicht dort minus 80 °C.

Bei dieser Temperatur bilden sich dünne Wolken aus Eis und Salpetersäurekristallen, die „Perlmuttwolken", um die Kondensationskerne aus feinen Tröpfchen von Schwefelsäure-Aerosolen, die aus großen Vulkanausbrüchen stammen. Die verschiedenen, an den Reaktionen zur Zerstörung des Ozons beteiligten Komponenten können sich an die Kristall-Oberflächen dieser Wolken heften. Eine ganze Kettenreaktion unter Beteiligung von festen, flüssigen und gasförmigen Komponenten produziert, von der großen Kälte dabei gefördert, freie Radikale. Ende August erreicht die Konzentration dieser freien Radikale erhöhte Werte; aber das Ozon hat mengenmäßig noch nicht abgenommen. Es ist ja schließlich noch Nacht, und die zerstörenden Reaktionen bedürfen des Sonnenlichtes, um wirksam werden zu können. Etwa im September erscheint dann die Sonne; die Photodissoziation kann mit ihrem Werk beginnen, und das Ozon wird zerstört, bis eine minimale Konzentration im Oktober erreicht wird.

Auch über dem Nordpol gibt es ein Ozonloch, welches aber ist weniger deutlich ausgeprägt und auch weniger dramatisch ist; denn der polare

Wirbel, weniger stark als am Südpol, lässt ein wenig warme Luft durch. Die Temperatur der Stratosphäre ist somit nicht so niedrig, und damit sind die zu den freien Radikalen führenden Reaktionen auch nicht so wirkungsvoll.

Das Ozon ist eines der wesentlichen Ergebnisse der auf den Autoverkehr in den großen Städten zurückgehenden Verschmutzung. Es gehört zu den giftigen „Smog"-Komponenten. Der atomare Sauerstoff (O), der sich mit dem molekularen zu Ozon verbindet, entsteht in der niedrigen Atmosphäre auf dem Wege der Photodissoziation von NO_2 zu NO + O. Die umgekehrte Reaktion, die aus NO mit O_3 NO_2 werden lässt, wird durch die Bildung von NO_2 infolge von Kohlenwasserstoff-Oxidations-Reaktionen benachteiligt (eine chemische Reaktion, die eine gegebene Komponente erzeugt, wird benachteiligt, wenn man deren Konzentration erhöht).

Somit hat man in der niedrigen Atmosphäre zuviel Ozon und in der Stratosphäre zu wenig. Warum kann das in geringer Höhe schädliche Ozon nicht das Defizit des in großer Höhe „wohltätigen" Ozons kompensieren? Der Grund dafür ist die geringe chemische Stabilität des Ozons in der Atmosphäre; zudem liegt seine Lebensdauer in der Größenordnung von einem Monat. Ihm fehlt somit die Zeit, in Richtung Stratosphäre zu diffundieren ... im Gegensatz zu den zerstörerischen Chlorfluorkohlenwasserstoffen.

Es wäre sicher sehr interessant, die Entwicklung der Ozonschicht mit der Zeit vorherzusagen. Das aber ist ein weit komplexeres Thema als das der Klima-Vorhersage, das ja schon schwierig genug ist. Die Modelle müssten nämlich nicht nur die Gleichgewichtsbeziehungen in Betracht ziehen, die die Bewegungen der Atmosphäre bestimmen, und deren thermodynamische Entwicklung, sondern auch die Strahlungsbilanz und zahlreiche chemische Reaktionen, ohne dabei alle Konsequenzen möglicher Rückkopplungen und noch unbekannte Faktoren anzusprechen. Noch ist dieses Problem, von Spezialfällen abgesehen, kaum in den Griff zu bekommen.

Eine Vorhersage ist noch nicht möglich, wohl aber eine Vorsorge: insbesondere müsste die Emission von Chlorfluorkohlenwasserstoffen begrenzt werden. Das ist das Ziel des Montreal-Protokolls gewesen, das 1987 unterzeichnet wurde, kurz nach der Entdeckung des antarktischen Ozonlochs. Diese Vereinbarung sah für das Jahr 2000 eine Verringerung der Chlorfluorkohlenwasserstoff-Nutzung um 50 Prozent vor. Die Konferenz von London (1990) ist weiter gegangen. Sie schreibt die vollständige Abschaffung der Chlorfluorkohlenwasserstoffe vor, der Ozon-Killer und Treibhaus-Gase, und ihren Ersatz durch Substitutions-Produkte.

Keiner weiß, ob dieses Ziel erreicht wird, noch kennt man im Erfolgsfalle den Zeitbedarf, um das Loch zu stopfen. Aber es ist nicht unsinnig, einen maßvollen Optimismus walten zu lassen.

Die lebenswichtigen Flüssigkeiten

Die Erde gewährt der Menschheit zwei Flüssigkeiten: Wasser und Erdöl. Die erstgenannte ist lebenswichtig, und das ist verbürgt; denn Leben wäre ohne sie nicht möglich. Die Bedeutung der zweiten ist jüngeren Datums, da die Menschen über Jahrtausende sehr wohl ohne sie auskamen. Dennoch ist sie in den hochentwickelten Ländern derart unverzichtbar geworden und für die, die darüber verfügen, sie verkaufen, um sich zu entwickeln, ebenso, so dass sie zum vielleicht wichtigsten geopolitischen Faktor geworden ist.

Das Wasser

Für die Alten Griechen war Wasser eines der vier Elemente. Der Philosoph Thales von Milet (7.–6. Jahrhundert v.Chr.) behauptete gar, dass es der Kern aller Dinge sei. Die Riten zahlreicher Religionen räumen dem Wasser einen besonderen Platz ein, schreiben ihm reinigende oder geweihte Kraft zu.

Tatsächlich ist Wasser eine unersetzliche Flüssigkeit, der wesentliche Bestandteil der Zellen aller Lebewesen, die es beständig aufnehmen müssen, um ihre Verluste auszugleichen.

Wasser gibt es auch auf anderen Planeten des Sonnensystems, insbesondere auf den Monden der Riesenplaneten Jupiter und Saturn, von denen manche im wesentlichen aus Eis bestehen. Aber unsere Erde ist der einzige Planet, auf dem man Wasser in seinen drei Zustandsarten – flüssig, fest, gasförmig – antrifft; und das ist vielleicht der Grund dafür, dass sich hier Leben entwickeln konnte.

Es gibt das Zitat, dass die Labors Wasser aufgrund seiner bemerkenswerten Eigenschaften zum Preis von Gold kaufen würden, wenn es – die Hydrogenverbindung des Sauerstoffs [H_2O] – nicht als Flüssigkeit so weit verbreitet wäre. Tatsächlich sind der Schmelzpunkt (0 °C) und der Siedepunkt (100 °C) von Wasser sehr hoch, viel höher als bei den Hydriden der Elemente, die im Mendelejew'schen Periodensystem in derselben Gruppe wie Sauerstoff stehen (zum Beispiel schmilzt H_2S bei minus 85,5 °C und verdampft bei minus 60 °C). Diese Eigenschaft ermöglicht es dem Wasser, in kondensiertem Zustand in den Ozeanen vorzukommen statt vollständig im Dampfzustand in der Atmosphäre. Zudem ist die zur Verdampfung des Wassers notwendige Wärmemenge außergewöhnlich hoch (585 cal/g). Diese Wärme wird freigesetzt, wenn der Wasserdampf kondensiert, und das stellt über Evaporation der Ozeane und Kondensation zu Regen einen hohen Wirkungsgrad für den Energie-Transfer in der Atmosphäre sicher. Im Gegensatz zur Mehrzahl der Substanzen ist Wasser im festen Zustand weniger dicht als im flüssigen. Das wirkt sich derart aus, dass dann, wenn die polaren Meere oder die Seen zufrieren, Eis auf der Oberfläche schwimmt und Wasser in der Tiefe flüssig bleibt, ein ungeheurer Vorteil für die Fische. Schließlich benetzt Wasser schlecht. (Das Gegenteil würde man glauben können.) Es neigt vielmehr eher zur Tropfenbildung als zur Ausbildung dünner Filme. Und gerade wegen dieser Eigenschaft kann sich Wasser im Boden sammeln und die Entwicklung der Vegetation ermöglichen.

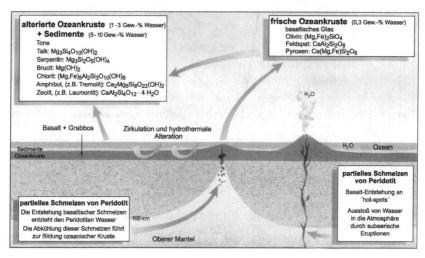

Abb. 10: Schematische Darstellung zur Frage, wie Wasser dem Erdmantel entzogen werden kann. – Entscheidende Bedeutung haben das partielle Schmelzen des Mantelgesteins Peridotit und die Entstehung basaltischer, H_2O-haltiger Magmen. Bei der Abkühlung und Auskristallisation der ozeanischen Kruste wird Wasser frei. Anschließend greift das Meerwasser die frische Kruste chemisch an und verändert sie. Diese Alteration erfolgt über hydrothermale Zirkulation, die sich ihrerseits in heißen Quellen („Black smokers" u.a.) und in der Neubildung hydratisierter Minerale dokumentiert. – Nach GILLET (1993: 681, Abb. 3).

Die Wassermenge auf der Erdoberfläche wird auf ungefähr 1.400.000 Milliarden Kubikmeter geschätzt. Den größten Teil davon enthalten die Ozeane (etwa 97 Prozent); 2 Prozent sind als Eis in den polaren Eisschilden und in Gletschern festgelegt.

Das Süßwasser der Flüsse, Seen und unterirdischer Grundwasser-Vorkommen stellt also nur einen sehr geringen Teil der gesamten Wasserreserve unseres Planeten dar (1 Prozent). Dieser dient den Bedürfnissen der Menschheit, der Landwirtschaft und der Industrie. Das aus den Ozeanen verdunstete und anschließend kondensierte Wasser fällt als Regen vom Himmel. Der Teil der Regenfälle, der nicht über Fließgewässer in den Ozean zurückkehrt oder nicht durch Evapotranspiration der Pflanzen der Atmosphäre wieder zugeführt wird, bleibt – auf Zeit – als Grundwasser in der Erdkruste gefangen.

In Vulkangebieten kann sich das in die Tiefe infiltrierte Wasser aufheizen und mineralische Salze lösen. In Form von Thermalquellen kann es zur Erdoberfläche zurückkehren, um an Kurgäste verteilt oder auf Flaschen gezogen zu werden. Auch kann man die in diesem Wasser gespeicherte Wärme zur Wärmeversorgung, als Heizwasser und, im besten Falle, zur Erzeugung elektrischer Energie nutzen.

Diese Austauschprozesse zwischen der Oberfläche und der Erdkruste stehen in diesem Kapitel im Mittelpunkt. Wir werden uns darin mit den auf die Menschheit zukommenden Problemen beschäftigen. Die resultieren aus einem Wasserverbrauch, der schneller wächst als sich die Reserven regenerieren.

Bewässerung, Grundwasser-Niveaus und Flüsse

In seiner *Naturkunde* lobpreist Plinius der Ältere das Wasser: „Was gibt es Besseres als die im Himmel schwebenden Wassermassen! ... Wenn sie auf die Erde fallen, bringen sie die ganze Vegetation hervor. Sie sind ein wunderbarer Besitz, wenn man bedenkt, dass die Wassermengen, um das Getreide wachsen zu lassen und um Bäumen und Pflanzen Leben zu schenken, in den Himmel gehen und von dort den Lebenshauch zurückbringen. Wir sollten somit anerkennen, dass alle Eigenschaften der Erde eine Wohltat des Wassers sind. So schildern wir vor allem einige Beispiele von der Macht dieser Flüssigkeit; denn welcher Sterbliche könnte sie alle beschreiben?"

Abb. 11: *Zum Überleben braucht man Wasser. Andererseits muß man sich vor ihm auch schützen können, wenn sich dieses Element zu ggf. dramatischer Aggressivität anschickt. Folglich entwickelten alle Kulturen und Gesellschaften einen „Dialog" mit dem Wasser, d.h. sie erfanden und entwickelten Riten, Mythen, Techniken, ein hohes Wissen, um die vielfältigen Probleme zu lösen, die sich bei der Wasserversorgung, der Bewässerung, der Schifffahrt, den Überschwemmungen der Flüsse, den Stürmen des Ozeans, der Bodenerosion u.a. ergaben. – Im Mittelalter erlebten die Wassermühlen einen außergewöhnlichen Aufschwung und trugen maßgeblich zu bedeutenden sozialen und kulturellen Veränderungen bei (Guillaume de Saint-Pathus: Leben und Wunder des Saint Louis. Um 1330 bis 1350. Paris, Foto: Nationalbibliothek). – Aus THUILLIER (1990: 543, Abb. 7).*

Tatsächlich bedarf die Menschheit seit der Jungsteinzeit des Ackerbaus. Er garantiert ihr Überleben. Und ohne Wasser keine Landwirtschaft! Somit versteht man, dass Wasserkontrolle und der Bau von Bewässerungskanälen zu den ersten Beschäftigungen der Menschen, gleich zu Beginn der Zivilisation, gehört haben. Die Kanäle in Mesopotamien stellen zweifellos die ersten Arbeiten des Bauwesens dar; und die alte babylonische Verwünschung „Möge Dein Kanal versanden!" zeigt gut die Bedeutung, die man der Angelegenheit beimaß.

In vielen Ländern erfolgte die Organisation der Bewässerung parallel zu dem Kampf gegen Überschwemmungen. So hat der mythische Held Yu der Große in China „die Wasser kontrolliert", indem er Deiche und Kanäle baute. Gleichfalls in China, einem Land mit alter landwirtschaftlicher Zivilisation, trifft man auf ein Bewässerungssystem, das älter als 2000 Jahre ist und noch in unseren Tagen genutzt wird. Das Kanalsystem von Guanxian in Sichuan, dem der Qin-Staat seinen Wohlstand verdankte, war zwischen 250 und 230 v.Chr. von Li Bing und seinem Sohn Li Erlang erbaut worden. Die Bevölkerung bekundete den letztgenannten ihre Dankbarkeit, indem sie ihnen nach ihrem Tode Tempel erbaute.

In vielen Ländern des Nahen und Mittleren Ostens ist es ein von allen geachteter örtlicher Magistrat, der unter den Bewohnern das Wasser verteilt, das der Bewässerung der Felder dient.

Das Süßwasser stammt im wesentlichen aus unterirdischen, phreatisch genannten, Grundwasserhorizonten. (Das Adjektiv „phreatisch" ist aus dem griechischen „phrear" abgeleitet, das „Brunnen" bedeutet.) Ein Grundwasserhorizont ist nicht, wie man oft denkt, eine Art unterirdischer See. In Wirklichkeit handelt es sich um ein permeables Gesteinsniveau, beispielsweise eine Sandsteinfolge, die wassergesättigt über undurchlässigem, d.h. impermeablem, Substrat liegt. Hier füllt das Wasser die Hohlräume aus, hierin fließt es bis zu Brunnen und Quellen. Der Grundwasser-Horizont wird gefüllt, wenn das Regenwasser – vom Herbst bis zum Frühjahr – in die Böden infiltriert. Im Sommer spielt die Schneeschmelze eine entsprechende Rolle. Nach einem trockenen Winter sinkt der Grundwasserspiegel. Die Sommerregen, die zwar kurzfristig die Auswirkungen der Trockenheit auf die Vegetation beheben, erlauben dem Grundwasser aber keine Regeneration; denn der allergrößte Teil des Wassers wird von den Blättern evaporiert, bevor es das Grundwasser erreicht hat.

Manche als „gespannt" bezeichneten Grundwasser-Vorkommen sind zwischen zwei impermeablen Niveaus eingeschlossen. Diese von artesischen Brunnen oder von Bohrungen erreichten Grundwasser-Horizonte stellen beträchtliche Wasser-Reserven dar. Einige Länder im ariden Raum, wie Libyen und Saudi-Arabien, hängen bei ihrer Süßwasser-Versorgung von ihnen ab. Der Unterschied zu den Grundwasser-Niveaus mit freier Oberfläche besteht darin, dass sie sich nicht in feuchten Jahreszeiten regenerieren: Wasser hat Hunderte oder Tausende von Jahren zu seiner Ansammlung gebraucht. Das Wasser dieser tiefen Niveaus ist ein wertvoller, da nicht erneuerbarer Rohstoff.

Zwischen 1950 und dem Ende der 80er Jahre sind die künstlich bewässerten Flächen verdoppelt worden. Man schätzt für das Jahr 2000, dass die künstliche Bewässerung 65 Prozent des Süßwasser-Bedarfs ausmachen wird. Der Anteil der Industrie sollte bei 20 Prozent liegen, und der Bedarf der Haushalte beschränkt sich danach auf neun Prozent.

Die intensive Bewässerung von Kulturen mit großem Wasserbedarf, wie Mais und Baumwolle, trägt nicht wenig zur Erschöpfung der Vorräte bei: im Sommer verdunsten über einem Hektar Mais-Anbaugebiet ungefähr 60 Tonnen Wasser pro Tag. Selbst Oberflächenwässer können ohne Aussicht auf Rückkehr verschwinden. So hat die intensive Baumwoll-Pflanzung in den Trockengebieten Usbekistans dazu geführt, nahezu das gesamte Wasser der in den Aralsee mündenden Flüsse Syr-Darja und Amu-Darja zu verbrauchen. Das verkleinerte die Fläche des Aralsees um 40 Prozent, während sein Salzgehalt zwischen 1926 und 1990 auf das Dreifache anstieg. Die ökologischen Folgen waren katastrophal; beispielsweise starben alle einheimischen Fische aus.

Andererseits kann das Fehlen von Bewuchs zu starker Bodenerosion führen. Die Niederschläge fließen dann, statt langsam bis zum Grundwasser zu versickern, völlig ungenutzt auf der Oberfläche ab. Platon beschreibt im *Kritias* dieses Phänomen ganz ausgezeichnet:

„[...] die Landschaft [Athen] lebte von dem Wasser, das Zeus ihr jedes Jahr spendete; denn sie ließ es nicht, wie es heute geschieht, dadurch verloren gehen, dass es über einen vom Boden entblößten Untergrund zum Meer abfloss. Vielmehr besaß sie reichlich Boden, in dem sie Wasser sammelte, das sie in ihrem Innern hütete, und das sie unter Bedeckung aus Tonen „auf die hohe Kante legte" Dieses Wasser, das sie dadurch in sich aufgenommen hatte, dass sie es zu Dämmen leitete, verhalf Quellen und Flüssen zu einem nie versiegenden Fluss".

Wie alle wertvollen Güter stellt auch das Wasser eine Quelle für Konflikte dar. Die Umleitung von Flusswasser durch einen der Nachbarstaaten zum großen Missfallen der anderen ist einer der häufigsten Anlässe für Spannungen, die bis zum Krieg führen können. Ein solcher Fall war zweifelsohne einer der Gründe für die Spannungen, die 1967 zum Sechs-Tage-Krieg führten: Israel hatte damit begonnen, ein nationales System von Aquaedukten und Kanälen zu bauen, die das Wasser des Jordan, vom See Tiberias ausgehend, zur Wüste Negev leiten sollten. Daraufhin hatten die benachbarten arabischen Staaten 1964 als mögliche Antwort angekündigt, die Wasser der Zuflüsse umleiten zu wollen, die bei ihnen entspringen, und die zu fast 80 Prozent der Wasserführung des Jordan beitragen.

In der Türkei gibt es gegenwärtig ein ehrgeiziges Entwicklungsprojekt für Südost-Anatolien: Es sieht den Bau von 22 Staudämmen und 19 Wasserkraftanlagen an Tigris und Euphrat vor. Im Jahre 1997 waren bereits drei Stauseen fertiggestellt, darunter der ungeheuer große Atatürk-Stausee, dessen Füllung im Jahre 1990 den Euphrat stromab für einen Monat austrocknete. Wenn dieses Großprojekt einmal beendet sein wird, dürften Irak und Syrien eines großen Teils des Euphrat-Wassers verlustig gehen. Die Situation hat bis heute noch keinen bewaffneten Konflikt heraufbeschworen; aber sie bleibt gespannt, und das Wasser-Problem ist ein wesentliches Element der politischen Beziehungen zwischen den drei Nachbarstaaten.

Weltweit gibt es Hunderte von Quellen potentieller Konflikte zwischen benachbarten Staaten, und immer geht es dabei um das Aufteilen von Wasser-Reserven. Es ist angebracht, daran zu denken, dass das Wort „Rivale" von dem lateinischen „rivalis" stammt. Und das heißt „Anlieger am selben Fluss".

Wasserschutz

Der Mensch kann ohne Süßwasser nicht leben. Die immer zahlreicher werdende Menschheit verbraucht ständig wachsende Wassermengen. Die Reserven aber werden immer knapper.

In den hochentwickelten Ländern hat die Versorgung mit fließendem Wasser den Komfort und den Fortschritt der Hygiene gefördert. Zugleich hat sie aber auch dazu beigetragen, den Wasserverbrauch zu erhöhen ... und auch die Vergeudung zu beschleunigen. So verbraucht der Pariser heute im Durchschnitt täglich 250 Liter Trinkwasser; aber nur zwei Liter werden getrunken. Der Rest geht, über Abwasch, Bad und Toilette, direkt in den Kanal.

Das Wasser der Grundwasserhorizonte kann auch verunreinigt werden und damit ungeeignet für den Genuss. Die Verunreinigung des Wassers ist sicher kein modernes Problem. So wurde in Paris seit dem Mittelalter die Bièvre, die zu den Gobelins [königliche Wandteppich-Manufaktur] floss, durch die Abwässer der an den Ufern angesiedelten Gerbereien und Färbereien in eine Kloake verwandelt. Man muss auch über die Typhus-

und Cholera-Epidemien nachdenken, die auf eine Verunreinigung des Grundwasserleiters durch Exkremente zurückgehen. In unseren Tagen hat die landwirtschaftliche Verunreinigung beunruhigende Ausmaße angenommen, obwohl sie die öffentliche Gesundheit zweifelsohne nicht auf's Spiel setzt,. Das „Agro-Business" setzt großflächig Nitrat-Dünger und Pestizide ein, die genauso in das Grundwasser eindringen wie die Abflüsse der Industrieanlagen.

Es ist also nicht nur angebracht, die vorhandenen Grundwasser-Niveaus mit Umsicht zu nutzen, sondern auch zu verhüten, dass sie für den menschlichen Verbrauch untauglich gemacht werden.

Das Problem stellt sich in Ländern der gemäßigten Klimazone naturgemäß auf andere Weise als in Wüsten oder semiariden Gebieten. Die letztgenannten haben als Ressourcen im allgemeinen nur die Möglichkeit, bis zu den tiefen Niveaus gespannten Wassers hinab zu bohren; und die sind nicht erneuerungsfähig.

Die Meerwasser-Entsalzung stellt eine interessante Alternative dar; aber sie ist selbstverständlich nur in den Ländern möglich, die eine Küste haben. Im 18. Jahrhundert hatte man Verfahren entwickelt, das Meerwasser trinkbar zu machen. Und bereits im Jahre 1817 hatten die Stützpunkt-Kommandanten von Brest, Toulon und Rochefort den Befehl bekommen, eine solche Menge Meerwassers zu destillieren, dass eine gegebene Zahl von Strafgefangenen mit Trinkwasser versorgt und ihre Nahrung damit zubereitet werden konnten. Deren Gesundheitszustand musste von einer Kommission beobachtet werden, die sich aus Verwaltungsbeamten und Sanitätsoffizieren zusammensetzen sollte. Heute gibt es verschiedene ausgereifte Verfahren; aber sie verbrauchen viel Energie und bleiben teuer. Deshalb können sich bis zum heutigen Tage nur die Staaten die Meerwasser-Entsalzung erlauben, die viel Öl und wenig Wasser haben: Saudi-Arabien, Libyen und die kleinen Anrainerstaaten des Persischen Golfes, sowie – allerdings in kleinerem Maßstab – die Vereinigten Staaten und Japan.

In den Ländern mit gemäßigtem Klima, wie denen Westeuropas, lieferten die Grundwasserleiter seit undenklichen Zeiten ausreichendes und gutes Wasser. Die Entwicklung der Agrar-Industrie und der Hygiene hat zu einer Situation geführt, die es heute unmöglich macht, in überkommenen Denkbahnen zu verharren und Wasser wie Luft als jeweils ausreichendes und kostenloses Geschenk der Natur zu verstehen. Vielmehr erscheint es fortan als notwendig, den Wasserverbrauch zu reglementieren.

Der Hydrogeologe Ghislain de Marsily empfiehlt, Nutzen aus der europäischen Politik zu ziehen, die die landwirtschaftliche Produktion drosseln und Landstriche zur Schaffung hydrogeologischer Naturreservate stilllegen möchte, „große Gebiete ohne Kulturen, wohl aber gepflegt, deren wesentliche Aufgabe darin bestünde, Wasserniveaus von einwandfreier Qualität zu erhalten und regenerieren zu lassen ... wo jede verunreinigende Tätigkeit verboten wäre".

Weltweit ist die Situation noch besorgniserregender, wenn man das Bevölkerungswachstum und die absehbare Vergrößerung künstlich bewässerter Flächen bedenkt, die zur Ernährung der Weltbevölkerung notwendig werden. Man kann sicherlich darauf hoffen, dass die Biotechnologie soweit kommt, Kulturpflanzen von gutem Ertrag, aber geringerem Wasserbedarf zu züchten. Man wird wohl auch darauf hoffen dürfen, dass die Mikro-Bewässerung zunehmen wird, die Tropfen-für Tropfen-Bewässerung direkt in den Wurzelbereich der Pflanzen. Diese in Israel angewandte Technik erbringt hervorragende Erträge, weil sie die Evaporation meisterlich begrenzt: Wasser wird effektiv zu 95 Prozent von der Pflanze aufgenommen – gegenüber 20 Prozent bei herkömmlicher Bewässerung. Dennoch wird es dazu kommen, dass Wasser ganz zwangsläufig zu einem seltenen Lebensmittel wird ... zumal dann, wenn sich die angekündigte Erwärmung des globalen Klimas als wahr erweisen sollte. Schätzungen besagen, dass Wassermangel um die Mitte des nächsten Jahrhunderts den größeren Teil der Erde bedrohen wird.

Zweifelsohne werden die Vereinten Nationen internationale Vorhaben zur Wasserverteilung realisieren; aber man wird wohl befürchten müssen – ohne damit einem übertriebenen Pessimismus zu huldigen –, dass sie sich als wirkungslos erweisen werden. Der Verfasser eines am 27. März 1997 in „Le Monde" publizierten Aufsatzes schreibt: „Immer zahlreicher werden diejenigen, die zu einer grundlegend neuen Lösung neigen: man sollte Wasser zu einem Weltmarktpreis auf den Markt bringen, der seinen neuen Wert als wirtschaftlich seltenes Gut widerspiegelt. Man müsste auf diese Weise bestätigen, wozu Wasser inzwischen geworden ist: ein strategischer, dem Erdöl gleichberechtigter, Stoff von höchster Bedeutung. Einen Kubikmeter-Preis auf dem Markt festzuschreiben, bedeutet, die Menschen mehr zum Handel als zum Konflikt zu veranlassen, den Wasserverkehr der Kriegsvorbereitung vorzuziehen. Mit anderen Worten soll durch die Vermarktung eine Regulierung von Angebot und Nachfrage mit dem Ziel versucht werden, den Bedarf zu stillen."

Das Erdöl

Die andere lebenswichtige Flüssigkeit auf der Erde ist Erdöl. Es wird noch für lange Zeit die Hauptenergiequelle der industriellen Gesellschaft bleiben. Im 16. Jahrhundert erwähnte der italienische Arzt und Mathematiker Jerome Cardan (1501–1576) Erdöl in „*De Subtilitate*", einer Enzyklopädie des Wissens seiner Zeit. „Petroleum ist ein Öl, das durch die Kraft der Hitze bereitwillig aus Bitumen destilliert, sehr selten und teuer ist und schlecht riecht. Der Mensch auf der Straße nennt es „Gesteinsöl"; es ist ein Heilmittel gegen kalte und lang andauernde Schmerzen". Das ist alles, was Cardan über den Stoff zu sagen weiß, den man einige Jahrhunderte später das „Schwarze Gold" nennen wird.

In China wurde Rohöl, das in Gansu an der Oberfläche austrat, seit der Antike zum Fetten der Achsen von Wagenrädern benutzt. Im ersten Jahrhundert unserer Zeitrechnung vermerkte der Ingenieur und Astronom Shen Gua – zur Zeit der Song-Dynastie –, dass man aus dem Ruß, der bei der Verbrennung von Erdöl entstand, eine noch bessere Tinte herstellen konnte als die aus Kiefernharz gewonnene. Es sei ein wirklich bezeichnender Zug der literarischen Kultur Chinas, hält der große Sinologe Joseph Needham fest, dass Shen Gua Tinte als das beste aus Erdöl herstellbare Produkt angesehen hatte.

Noch im Jahre 1864 gibt ein illustriertes volkstümliches Lexikon eine Definition von Erdöl, der Cardan nicht abgeschworen hätte: „Erdöl – Wort, das Gesteinsöl bedeutet. Es handelt sich um eine Art von Bitumen, mit Farbvariationen von braun nach schwarz, von fetter und viskoser Konsistenz, das flüssig vorkommt, das aber unter Luft fest wird. Diese Substanz ist leicht brennbar; dabei entsteht viel Geruch und Rauch. [...] Es gibt davon große Mengen in Amerika, Britisch Indien und Burma, in Japan, Griechenland, Moldavien, auf der Krim, in Schweden, Italien und in Frankreich in dem Dorf Gabian, nahe Pézenas (!). Gereinigtes Erdöl wird zur Beleuchtung verwendet."

Im Jahre 1859 teufte Oberst Drake bei Titusville in Pennsylvania die erste Bohrung ab, die Erdöl im Überfluss lieferte. Abenteurer und Unternehmer strömten, vom „Ölfieber" ergriffen, nach Pennsylvania; und Hunderte von Gesellschaften wurden zur Gewinnung von Erdöl gegründet, das für die Beleuchtung bestimmt war.

Erst gegen Ende des 19. Jahrhunderts verhalfen die Arbeiten der französischen und deutschen Ingenieure Lenoir, Otto, Forest, Diesel und Daimler und die Entwicklung von Verbrennungsmotoren und des Autos dem Erdöl zu dem überragenden Platz, den es noch heute unter den primären Energierohstoffen hat. Erdöl ist natürlich auch für die petrochemische Industrie von größter Bedeutung, die daraus zahlreiche Gebrauchsstoffe des täglichen Lebens herstellt.

Die Entstehung des Erdöls

Stammt das Erdöl, das man in der Erdkruste findet, von der Oberfläche oder aus dem Inneren der Erde? Welches ist die Richtung des Austausches an der Grenze gewesen?

Der russische Chemiker Dimitri Mendelejew hat sich nicht nur für die periodische Gliederung der Elemente interessiert, die ihn berühmt machte. Im Jahre 1877 veröffentlichte er ein Buch über die Erdölindustrie der Felder von Pennsylvania und des Kaukasus, die er kurz zuvor bereist hatte. Ein Auszug dieses Buches, das im selben Jahr ins Französische übersetzt worden war, beginnt mit den Sätzen: „Wenn man mit dem Studium des Erdöls anfängt, gilt die erste, sich sofort aufdrängende, Frage seiner Entstehung. Wo, wann und wie hat sich diese nützliche Substanz gebildet, und welche Stoffe sind zu seiner Bildung zusammengekommen? Diese verschiedenen Fragen, die gestellt und für eine große Zahl von gesteinsbildenden Mineralen der Erdkruste mit der Zeit auch beantwortet worden sind, haben bis heute für das Erdöl keine befriedigende Lösung erbracht. Man geht im allgemeinen davon aus, dass Erdöl organischer Entstehung ist, das Ergebnis einer Zersetzung primitiver Organismen, von Tieren und Pflanzen. Diese Ansicht ist darin begründet, dass Erdöl ausschließlich aus Kohlenwasserstoffen besteht und einem geringen Anteil sauerstoff- und stickstoffhaltiger Substanzen… . Wenn man andererseits das ganze verfügbare Wissen über die uns beschäftigende Substanz überdenkt, erscheint es nur schwierig, eine gleichlautende Meinung anzunehmen. Diese will ich zunächst aufzeigen, bevor ich meine eigenen Ansichten zu dem Thema darlege".

Eines der zahlreichen von Mendelejew vorgetragenen Argumente, um die Hypothese vom organogenen Ursprung des Erdöls zurückzuweisen, war, dass man „nirgendwo das Ausgangsmaterial findet, das eine ähnliche Menge an Erdöl geliefert haben könnte, keinerlei kohleartigen Reste, auch keine Fossilien, die (sonst) eine beachtliche Entwicklung des organischen Reiches anzeigen. Nun kann man aber keine organische Entstehung des Erdöls annehmen, solange diese Entstehung nicht durch eine sehr große Zahl von Lebewesen erklärt wird."

Für den russischen Chemiker „ist es die maßgebliche Erkenntnis, dass Erdöl in den Tiefen der Erde entstanden ist, und dass man ausschließlich dort seinen Ursprung suchen muss". Mendelejews Erklärung erfolgt – muss man sich darüber wundern? – aus der Sicht des Chemikers: „Nehmen wir an, wie man es allgemein tut, dass die feste Kruste der Erde im Vergleich zum Durchmesser der Erde sehr dünn ist, und dass sich im Inneren dieser festen Hülle mehr oder weniger flüssige Massen befinden, darunter Metallkarbide. Als die Abkühlung oder jeder andere Anlass zur langsamen Bildung einer Spalte führte, wurde die Erdkruste gefaltet, und unterhalb dieser neuen Berge entstanden Risse oder zumindest eine Zerstörung der Gesteinsmassen. Die wurden daraufhin aufgelockert. In diesen Gebieten konnte Wasser tief einsickern und bis zu den Metallkarbiden vordringen. Und was passierte dann? Das Eisen und die anderen Metalle wurden mit dem Sauerstoff des Wassers zusammengebracht. Der Wasserstoff ist zum Teil freigesetzt und zum Teil mit dem Kohlenstoff vereinigt worden. Kurz, es bildeten sich flüchtige Kohlenwasserstoffe. Darüber hinaus konnten – bei beachtlichem Druck, Wasserstoff-Überschuss und überlangem Kontakt – nur an Wasserstoff reiche Kohlenwasserstoffverbindungen entstehen und genau solche wie das Erdöl. Das Wasser verdampfte, als es mit den schmelzflüssigen Massen in Kontakt kam, und ein Teil dieses Dampfes entwich durch die Spalten im Untergrund. Dabei nahm es die Dämpfe der dort unten gebildeten Kohlenwasserstoffe mit. Auf diese Weise sind jene in den für sie von vornherein vorbereiteten Schichten angekommen, verflüssigt und angereichert".

Gegen Ende des 19. Jahrhunderts gehörten Geologen und Geophysiker noch zwei unterschiedlichen Schulen an. Für die einen war die Erde bis zum Kern fest, und ein inneres Feuer gab es nicht. Für die anderen war die Erde eine schmelzflüssige Kugel, die lediglich von einer dünnen Kruste umhüllt wird. Diese letztgenannte Theorie hatte offensichtlich den Vorzug bei Mendelejew. Heute weiß man, dass sie nicht zu halten ist. Die Erde hat zwar einen Kern aus flüssigem Eisen; aber Wasser kann dorthin nicht vordringen; denn er liegt in 2900 Kilometer Tiefe.

Heute ist die Theorie des biogenen Ursprunges von Erdöl die einzige und gemeinhin akzeptierte. Das vollständige Fehlen von organischen Resten und von Fossilien, das Mendelejew so große Sorgen bereitet hatte, erklärt sich aus der Tatsache, dass die organische Substanz im wesentlichen aus einzelligen Mikroorganismen, aus Bakterien oder planktonischen Foraminiferen besteht. Sie wird durch anaerobe Bakterien in abgeschlossenen und an Sauerstoff armen Meeren vollständig zersetzt. Das Studium der mikroskopisch kleinen Foraminiferen-Gehäuse durch die Mikropaläontologen liefert übrigens sehr nützliche Hinweise für die Erforschung der Erdöllagerstätten.

Die organische Substanz wird also in eine Art von ungeordnetem Riesenmolekül überführt, in Kerogen (das darf man nicht mit Kerosin, dem Flugbenzin, verwechseln), das sich bei Temperaturerhöhung in Erdöl und Methan aufspaltet. Das flüssige Erdöl und das Gas verlassen dann ihren Entstehungsort, das sogenannte Muttergestein, und wandern in poröse Gesteine, im allgemeinen Sandsteine und Kalksteine, und reichern sich dort in sogenannten Fallen an, in Sattelstrukturen, an Störungen oder an Salzstöcken. Die Lagerstätten werden durch geophysikalische Prospektion, d.h. mit seismischen Methoden, aufgespürt und durch Explorationsbohrungen bestätigt.

Die Angelegenheit ist somit geklärt. Man weiß nicht nur, wie Erdöl entstanden ist; man ist vielmehr auch in der Lage, es zu finden. Dennoch kam die Diskussion über die Entstehung des Erdöls am Ende der 70er Jahre wieder in Gang. Den Anstoß hatte Thomas Gold gegeben, ein herausragender Astrophysiker, der aber in der Geologie ein Laie war. Das störte ihn übrigens wenig; denn von Grenzen zwischen den Wissenschaften hielt er nichts. Gold glaubte wie Mendelejew, dass das Erdöl in den Tiefen der Erde und nicht auf biologischem Wege entsteht. Im Unterschied zu dem Genannten glaubte er aber nicht an chemische Reaktionen. Für Gold hatten sich die Kohlenwasserstoffe im festen Zustand bei der Entstehung der Erde angereichert, das heißt vor 4,5 Milliarden Jahren. Sie entgasten, so sagte er, kontinuierlich vom Erdmantel zur Oberfläche. Die Tatsache, dass man im Erdöl unbestreitbar Moleküle organischen Ursprunges findet, das entscheidende Argument der biogenen Theorie, erschien ihm als zweitrangig: Die Mikroorganismen sollten sich eher von Erdöl ernährt haben als seine Ausgangssubstanz zu sein. Deshalb seien sie mit ihm verbunden.

Gold gelang es aufgrund seines wissenschaftlichen Rufes, die schwedische Regierung für sein Konzept zu interessieren. Prospektions-Tätigkeit sollte seine Theorien beweisen ... und beachtliche Energiereserven erschließen, wenn sich das Konzept als richtig erweisen sollte. Im Jahre

1987 wurde also in Schweden gebohrt – und zwar in einem Meteoritenkrater in Graniten, dort also, wo nach der gängigen Theorie kein Erdöl gefunden werden dürfte. – Man fand nichts.

Die Erdölreserven

Wenn Erdöl auch nicht – wie Wasser – lebensnotwendig ist, so stellt es doch nichts weniger dar als das Blut der Ökonomie der Industrienationen.... und auch jener, die zwar weniger stark industrialisiert sind, die aber die Möglichkeit haben, der Organisation der erdölexportierenden Länder anzugehören, der berühmten OPEC. Es ist somit nicht überraschend, dass diese wertvolle Flüssigkeit ein wesentlicher Faktor der Geopolitik ist, dass er zahlreiche Konflikte auslöste.

Erdöl ist eine ungeheuer wichtige, nicht erneuerbare Ressource. Die Lagerstätten, die Millionen von Jahren zu ihrer Entstehung gebraucht haben, werden in einem Rhythmus ausgebeutet, der in vergleichsweise kurzer Zeit unvermeidbar zu ihrer Erschöpfung führen muss. Man muss eben nur wissen – wann?

Es fehlt nicht an Propheten, die das Datum voraussehen, an dem Erdöl fehlen wird, wenn nicht irgendeine andere Energiequelle seine Rolle übernehmen wird. Diese Voraussagen gründen natürlich auf Schätzungen der weltweiten Ölreserven. Nun ist aber der Begriff der Reserve – und das ist der Punkt, wo der Schuh drückt – bemerkenswert verschwommen. Und die internationalen (und selbst die nationalen) Berufsorganisationen der Erdölindustrie haben sich bis heute noch nicht geeinigt – weder auf präzise Definitionen, geschweige denn auf eine Abschätzungs-Methode.

Wie die angewandten Methoden auch immer aussehen, deterministisch oder aber probalistisch, die Abschätzungen der Reserven unterliegen immer einem gewissen Unsicherheitsgrad. Mit Blick auf zunehmende Unsicherheit unterscheidet man „gesicherte", „wahrscheinliche" und „mögliche" Reserven.

Die sicheren Reserven sind die Erdölmengen, die man in einer vorgegebenen Frist vernünftigerweise mit Sicherheit ökonomisch fördern kann. Die auf die bekannten Lagerstätten angewandte Abschätzung gründet auf der Analyse der von Geologie und Prospektion gelieferten Daten. Sie hängt selbstverständlich vom Preis für das Barrel Rohöl ab und, allgemeiner, von den ökonomischen und politischen Augenblicks-Bedingungen, von

Die lebenswichtigen Flüssigkeiten

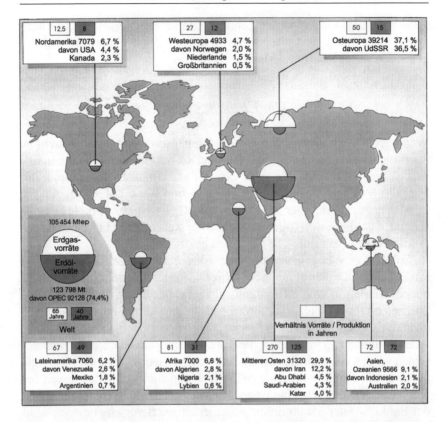

Abb. 12: Die geographische Verteilung der weltweiten Vorräte an Erdgas und Erdöl. – Mehr als ein Drittel der Erdgas-Reserven liegt in Sibirien; der Iran besitzt alleine 12 Prozent. Auch Asien/Ozeanien stellt eine große Gas-Provinz dar. Europa kann heute auf seine Erdgas-Vorkommen zählen, die in den nächsten 27 Jahren kaum erschöpft sein sollten, während aus seinen Erdöl-Vorkommen nur noch etwa 12 Jahre (sic!) gefördert werden kann. – Nach SAINT-JUST et mult. (1990: 733, Abb. 4).

den Gewinnungsmethoden, Transport-Möglichkeiten und von Regierungsvorgaben. Wenn man darüber hinaus bedenkt, dass die produzierenden Länder oft ein Interesse daran haben, Geheimnisse zu bewahren oder die Angaben über ihre Vorräte zu beschönigen, versteht man, dass das Beiwort „gesichert" mindestens optimistisch ist.

Die Erdölreserven

Die nicht nachgewiesenen Vorräte können wahrscheinlich sein, wenn die Analyse der technischen Daten dafür spricht, dass eine ökonomische Förderung unter den gegenwärtigen Bedingungen mehr Chancen hat, möglich zu sein als unmöglich. Die möglichen Reserven haben weniger Aussicht auf ökonomisch vertretbare Förderung als die wahrscheinlichen Vorräte.

Die einzelnen Unsicherheitsgrade, die diesen von Natur aus probabilistischen Definitionen entsprechen, verbieten es letztlich, die Zahlen der gesicherten, wahrscheinlichen und möglichen Vorräte einfach zu addieren, auch wenn es in den Fingern juckte, um eine Vorstellung vom Potential eines Landes zu bekommen.

Zum gegenwärtigen Zeitpunkt fehlt es der Welt nicht an Öl. Im Gefolge des von der OPEC zwischen 1970 und 1974 bewirkten Mangels (des berühmten Erdöl-Schocks) haben die Industrieländer nämlich große und von Erfolg gekrönte Anstrengungen unternommen, den Erdölverbrauch zu begrenzen. Seither ist die Wachsamkeit stark erschlafft, insbesondere in den Vereinigten Staaten, wo das Benzin skandalös billig verkauft wird. Nichtsdestoweniger hat die Energiepolitik zu einer Stagnation der weltweiten Erdölproduktion geführt.

Wird uns das Erdöl eines Tages ausgehen? Die Art, die Reserven zu schätzen, mag ziemlich verschwommen sein. Dennoch führt sie zu einem gemäßigten Optimismus. Wenn nämlich die Lagerstätten, aus denen man leicht fördern kann, erschöpft sein werden, werden die sicheren Reserven automatisch wachsen, zumal es dann rentabel wird, die bislang vernachlässigten Felder auszubeuten. Eines Tages werden auch die Ölschiefer abgebaut werden, die eine wahrscheinlich enorme Reserve darstellen.

Die Grenze Kern – Mantel

In dem Roman „At the earth's core" von Edgar Rice Burroughs spielt die Handlung im Lande Pellucidar, das im Inneren der Erde liegt. Es ist offensichtlich nur dann möglich, phantastische Reisen in die Erde zu machen, wenn man sich den Planeten ausgehöhlt vorstellt. So sah es im 18. Jahrhundert schon der dänische Baron Holberg, in dessen Roman *„Die Reise des Nikolaus Klinius in die unterirdische Welt"* der Held die Erdkruste über einen Vulkan durchmaß und dann auf den kleinen Planeten Nazar fiel, der sich im Zentrum der hohlen Erde um die Sonne drehte.

David Innes, der Held bei Edgar Rice Burroughs, durchquert eine 800 Kilometer mächtige Kruste mit Hilfe eines stählernen „Maulwurfs" und findet sich dann auf der inneren Oberfläche der Kruste. Die ist mit Vegetation bestanden und von fremdartigen Tieren und mehr oder weniger feindseligen Stämmen bewohnt. Man atmet dort Luft, und gäbe es nicht das Szenarium, dass die Sonne im Mittelpunkt der Erde immer im Zenith steht, und dass die konkave Oberfläche der Sicht keinen Horizont bietet, dann könnte man sich vorstellen, es mit irgendeiner unerforschten Gegend auf der äußeren Fläche der Erde zu tun zu haben.

Diese Beispiele verfolgen kein anderes Ziel als zu zeigen, wie stark die Vorstellungskraft von Autoren phantastischer Reisen bezüglich des Inneren der Erde begrenzt und wie armselig sie gegenüber der Realität ist.

Die Grenze Kern – Mantel

Die Kern /Mantel –Grenze zwischen dem Mantel und dem Kern der Erde liegt nicht 800 Kilometer, sondern bei 2900 Kilometer unter unseren Füßen, und sie bietet sehr wohl andere erstaunliche Phänomene. Dort wechselt man vom Mantelgestein, das fest und doch mit 4000 °C brennend heiß ist, zu dem Ozean aus geschmolzenem Eisen, der den Kern darstellt, zweimal dichter als der Mantel, aber auch flüssig wie Wasser und von Cyclonen und magnetischen Stürmen bewegt. Die Oberfläche ist durch Gebirge und Täler verbeult, und sie bildet Antikontinente, deren Ufer die Wellen des schmelzflüssigen Ozeans angreifen und erodieren. Das magnetische Feld ist dort beachtlich stärker als jenes, das wir kennen, und der Kompass wäre, ständig durcheinander gebracht, keine Hilfe in diesem

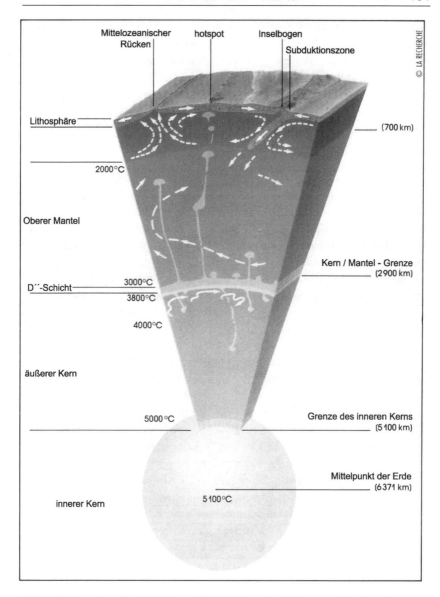

Abb. 13: Das aktuelle Modell zum Schalenbau der Erde: vom Mittelpunkt bis zur Oberfläche: 5100 °C Temperatur-Unterschied auf 6371 km Distanz. – Nach VALET & COURTILLOT (1992: 1009, Abb. 4).

opaken Milieu. Das ist also das Szenarium, in dem sich ein phantastischer Roman abspielen müsste ... den ich nicht schreiben werde, weil ich mir dort die Handelnden nicht vorzustellen wüsste.

Die vorausgehende Beschreibung gründet auf dem, was wir zum einen von der Seismologie lernten und zum anderen von der Magnetik. Letztere studiert das erdmagnetische Feld. Die akustischen Wellen, die von Erdbeben ausgesandt und von Seismographen aufgefangen werden, erlauben es nämlich, den Globus „abzuhören". Das Studium der Fortpflanzungsgeschwindigkeit der Wellen durch die Tiefen der Erde und die Aufzeichnung der Reflexionen an den inneren Diskordanzen ermöglichen, in Verbindung mit Höchst-Druck-Versuchen an irdischen Materialien, eine ziemlich gute Vorstellung von der Zusammensetzung und den Eigenschaften der einzelnen Schalen im Inneren der Erde. Im übrigen liefert die Analyse der Variationen des magnetischen Feldes, das vom flüssigen Kern ausgeht, Hinweise auf die Bewegungen, die diesen umrühren.

Das Vorhandensein eines Kerns aus geschmolzenem Eisen wurde seit einiger Zeit vermutet, als der englische Seismologe Richard Dixon Oldham im Jahre 1906 zeigte, dass es auf der Erde eine Schattenzone in einer gewissen Entfernung zum Epizentrum eines Erdbebens gibt. In deren Innerem konnte man die von einem Erdbeben ausgesandten Wellen nicht empfangen. Und diese Schattenzone implizierte das Vorhandensein eines Inneren Kerns, „der aus einem Material besteht, das die Wellen langsamer hindurchlässt". Im Jahre 1913 erkannte Benno Gutenberg beim Studium der Reflexion seismischer Wellen an der Kern/Mantel-Grenze zweifelsfrei eine Diskontinuität in einer Tiefe von 2900 Kilometern, eben jene K/M-Grenze. Schließlich wies Harold Jeffreys im Jahre 1926 nach, dass der Kern flüssig ist (er war von Betrachtungen über die Rigidität der Erde ausgegangen). Es hat dann bis 1952 gedauert, bis Francis Birch, Professor an der Harvard Universität und Spezialist auf dem Gebiet der Materialuntersuchung bei sehr hohen Drucken, unwiderlegbar bewies, dass die wesentliche Komponente des Kerns nichts anderes als Eisen sein könne. Jedes andere auf der Erde ausreichend vorhandene Material hätte bei den im Kern herrschenden Drucken eine zu geringe Dichte.

Die Grenze Kern/Mantel ist keine vollkommen sphärische Fläche. Vielmehr besitzt sie ein Relief, das allerdings, ausweislich seismologischer Daten, kaum Höhendifferenzen von einem Kilometer überschreitet. Sie wird an der Unterseite des Unteren Mantels von einer „Schicht D" (oder auch „D"-Schicht")" genannten Zone überlagert, die anhand von Anomalien bei der Fortpflanzung seismischer Wellen identifiziert wurde. Sie hat wechselnde Mächtigkeiten bis zu maximal 200–300 Kilometer. Die mineralogische Zusammensetzung dieser Schicht (oder „Schale"), die viel heißer als der Mantel oben darüber ist, ist wahrscheinlich nicht überall dieselbe.

Um ehrlich zu sein, weiß man noch sehr wenig über diese Schicht D". Die Geophysiker sind aber mehr oder weniger davon überzeugt, dass sie eine besondere Rolle in der irdischen Dynamik spielt, und dass ihr Verhalten zweifellos manche geologischen und geophysikalischen Phänomene begründet, die die Geschichte unseres Planeten geprägt haben.

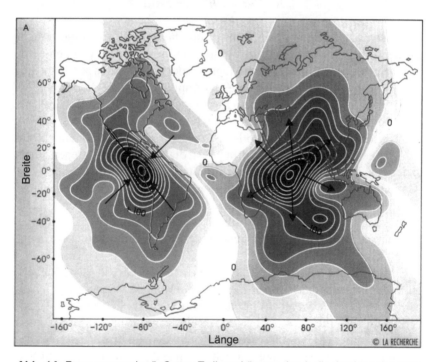

Abb. 14: Bewegungen im äußeren Erdkern können durch die Analyse der langsamen Variationen des Magnetfeldes an der Oberfläche der Erde gemessen werden. Es gibt auf- und absteigende Ströme, die Materialaustausch zwischen der Tiefe des Kernes und seiner Oberfläche bewerkstelligen. Unter Indien ist ein Material-Aufstieg, westlich von Peru ein Materialabstieg belegt. – Nach COURTILLOT & MOUEL aus HINDERER et al. (1991: 764, Abb. 4 A).

Die Schicht D" vermittelt zwischen dem Kern und der Oberfläche der Erde.

Aber der Kern ist weit von uns entfernt! Ist es möglich, dass er, was es auch immer sei, mit der Oberfläche der Erde austauscht, und dass wir ihm manche Wirkungen zuschreiben müssen, die wir wahrnehmen? Wir müssen diese Frage in einigen Fällen bejahen, und obwohl man sich bei anderen auf die Ebene von Spekulationen begibt, erscheint es als immer wahrscheinlicher, dass der Erdkern langfristig einen nicht zu vernachlässigenden Einfluss auf das Leben der Menschheit ausübt.

Das magnetische Feld

Die unstrittigste der uns vom Erdkern überlieferten Botschaften besteht aus dem Magnetfeld, das unseren Planeten umgibt. Parallel zu den Feldlinien richtet der Kompass seine Magnetnadel nach Norden aus. Und diesen Kompass nutzten Weltreisende und Kapitäne bei der Entdeckung ferner Länder. Man könnte in diesem Zusammenhang auch den Gewürzhandel sehen und seinen Beitrag zur Entstehung des Kapitalismus.

Zweifelsohne bedeutungsvoller ist die erst kürzlich entdeckte Rolle des Magnetfeldes als Schutzschirm gegen die elektrisch geladenen, energiereichen Partikel der kosmischen Strahlung und des Sonnenwindes. Die Bestrahlung von Geweben mit diesen Partikeln, Elektronen, Protonen und ionisierten schweren Atomen, würde schwere Schäden im genetischen Material der Lebewesen hervorrufen! Es ist sogar möglich, dass sich das Leben nur dank des irdischen Magnetfeldes auf der Erde entwickeln konnte.

Seit der Antike weiß man, dass natürliches Eisenoxid, der Magnetit oder Magnetstein, das Eisen anzieht und bei Kontakt magnetisiert. In seinem Buch „*De Magnete*" erklärt der Arzt der englischen Königin Elizabeth I, Gilbert, die Tatsache, dass sich die Kompassnadel nach Norden ausrichtet, mit der Hypothese, die Erde selbst sei ein magnetisierter Globus, analog, aber viel größer, zu den „Terrelae" genannten kleinen Kugeln aus Magnetit, die er hatte herstellen lassen. Erst 1832 bewies Carl-Friedrich Gauss, der „Prinz unter den Mathematikern", dass der wesentliche Teil des Magnetfeldes inneren Ursprunges ist, und dass sich alles so verhält, als wäre ein Magnet im Inneren der Erde verborgen. Gauss dachte, das Feld ginge auf Eisenpartikel in der Kruste zurück.

Nun ist das Magnetfeld von magnetisiertem Material in Raum und Zeit stabil. Und wenn die Magnet-Hypothese dem Verhalten des Kompass voll und ganz Rechnung trug, erklärte sie nicht die Veränderungen des Magnetfeldes, gering zwar, aber wahrnehmbar im Laufe eines Menschenlebens. Die hatte man seit dem 17. Jahrhundert erkannt. So ist die Deklination, der Winkel zwischen magnetisch und geographisch Nord, von dem Ort abhängig, wo man sie beobachtet. Und sie hat im Laufe der Jahre auch keinen konstanten Wert. Diese „Säkularvariation" der Deklination verläuft allgemein langsam (in der Größenordnung von einem Grad pro Jahrzehnt); aber Courtillot und Le Mouël vom Institut de physique du globe in Paris haben gezeigt, dass sie auch schroffe Beschleunigungs-Änderungen im Jahresmaßstab erleben kann (sie sprechen von Sprüngen der Säkularvariation). Der letzte Sprung hat 1978 stattgefunden, der vorige 1969/1970.

Während dreier Jahrhunderte war die Säkularvariation Ziel von mehr oder weniger unbeholfenen Erklärungsversuchen ..., wenn man sie nicht gar schweigend überging. Nun hat auch die Sonne ein außergewöhnlich wechselvolles Magnetfeld. Im Jahre 1910 hatte der Physiker Larmor ein Modell vorgeschlagen, dass das Feld der Sonne mit Hilfe eines Flüssigkeits-Dynamos erklärte. Wenn man ganz furchtbar vereinfacht, arbeitet dieser nach dem Prinzip eines Fahrrad-Dynamos; aber die Aufwicklung der Kupferdrähte, in denen die das Magnetfeld erzeugenden elektrischen Ströme fließen, wäre – im Inneren des Himmelskörpers – durch Flüssigkeitsströme ersetzt, die die Elektrizität leiten. Der Gedanke an einen solchen Dynamo im flüssigen Kern der Erde („Geodynamo") wurde in den 40er Jahren von Walter Elsasser vorgeschlagen. Das magnetische Feld wird durch elektrische Ströme erzeugt, die im metallischen Kern fließen, der die Elektrizität leitet, in dem es Konvektionsströme gibt. Die Analyse der Säkularvariation erlaubt eine Abschätzung der Zirkulationsgeschwindigkeit dieser Fluidströme im oberen Bereich des Kernes: Sie erreicht die Größenordnung von Meter/Stunde, d.h. von eingen zehn Kilometern pro Jahr.

Obwohl das Magnetfeld vom Kern stammt, gibt es nichtsdestoweniger magnetische Teilchen in der Kruste. Laven und manche Sedimentgesteine, wie die Rotsedimente, enthalten Körner aus Eisenoxiden (Magnetit oder Hämatit), die im Magnetfeld der Erde magnetisiert werden.

Dieses Phänomen wurde von Macedonio Melloni entdeckt, einem Direktor des Vesuv-Observatoriums. In einem 1853 in den „Comptes rendues de l'Académie des Sciences" veröffentlichten Brief an Arago unter der Überschrift „*Über die Magnetisierung vulkanischer Gesteine*", berichtet Melloni über seine Entdeckung. Zum Schluss schreibt er schließlich folgendes: „Ich füge jedoch hinzu, dass ich mich weiterhin mit dem Gesteinsmagnetismus befassen werde, und dass derartige Untersuchungen für den Fortschritt der Wissenschaft nicht vollständig unergiebig sind". Das war das mindeste, was man sagen konnte; denn wenige Untersuchungen sind derartig fruchtbar für die Erdwissenschaften gewesen.

Die magnetischen Minerale der Gesteine stellen in der Tat ein wahrhaftes magnetisches Gedächtnis dar, das Richtung und Intensität des magnetischen Feldes an dem Ort und zu der Zeit aufzeichnet, als die Laven verfestigt oder die Sedimente abgelagert wurden. Nun kann man dank des radioaktiven Zerfalls der Elemente Gesteine datieren, und die Messung der Inklination des „fossilen" Feldes erlaubt die Ableitung der geographischen Breite, unter der sie gebildet wurden. Auf diese Weise vermag man, den Weg der Kontinente während ihrer langsamen Wanderung über Millionen Jahre zurückzuverfolgen. Aber das Studium des Gesteinsmagnetismus sollte zu anderen fundamentalen Fortschritten führen.

Im Oktober 1905 veröffentlichte das „Bulletin de la Société météorologique de France" eine kurze Abhandlung von Bernard Brunhes „*Über die Richtung der permanenten Magnetisierung in einem metamorphen Tonstein von Pontfarein (Cantal)*". Der Ton war durch einen basaltischen Lavastrom aufgeheizt und in einen Ziegelstein verwandelt worden. Brunhes schrieb dazu: „Zahlreiche Proben, die sowohl im „Ziegelstein" wie im hangenden Basalt entnommen wurden [...] haben eine einheitliche Richtung der Magnetisierung gezeigt, bei der der gegenwärtige Nordpol auf der südlichen Seite lag".

Man hat alle anderen Hypothesen erschöpfend behandeln und dann weitere Beispiele für dieses Phänomen finden müssen, bis sich die wissenschaftliche Allgemeinheit zu der Erkenntnis durchringt: Das irdische Magnetfeld konnte sich umdrehen und der Nordpol nach Süden umkippen.

Inzwischen verfügt man über eine Chronologie der magnetischen Inversionen, die 170 Millionen Jahre zurückreicht. Die Häufigkeit der Inversionen und die Länge der Intervalle zwischen zwei Umkehrungen sind im Laufe geologischer Zeiten nicht konstant: So haben während der letzten zehn Millionen Jahre im Durchschnitt vier Inversionen stattgefunden, während sich das Feld in der Kreide (vor etwa 100 Millionen Jahren) etwa 30 Millionen Jahre lang nicht umgekehrt hat. Seit 780.000 Jahren befinden wir uns in einer per conventionem [nach Übereinkunft] als „normal" bezeichneten „Periode". Sie wird auch Brunhes-Epoche genannt.

Eine Feld-Umkehr ist kein spontanes Ereignis, das die Kompassnadel augenblicklich von Norden nach Süden umspringen ließe. Sie erstreckt sich über größenordnungsmäßig einige tausend Jahre, während derer die Intensität des Magnetfeldes wahrscheinlich stark abnimmt, ohne dabei indessen vollständig gegen Null zu gehen, bevor sie aufs Neue wächst.

Die Geomagnetiker haben die Geheimnisse, wie der Geodynamo im Inneren des flüssigen Kerns funktioniert, noch nicht vollständig aufgeklärt: es handelt sich dabei um ein verdammt kompliziertes theoretisches Problem. Obwohl man gerne zugibt, dass die für Genese und Unterhaltung des magnetischen Feldes verantwortlichen Fluid-Bewegungen chaotisch sein können, begreift man noch nicht, warum und wie es zu einer Inversion kommt. Wir werden jedoch sehen, dass man – vielleicht sogar kausale – Beziehungen zwischen den Bewegungen im Kern, wie die Veränderungen und Inversionen des magnetischen Feldes erkennen lassen, und globalen Phänomenen zeigen kann – wie Veränderungen der Tageslänge, die großen Lava-Ergüsse ... und vielleicht Klima-Änderungen und massives Aussterben biologischer Arten.

Tageslänge

Es ist allgemein bekannt, dass sich die Erde im Laufe von 24 Stunden einmal um ihre Achse dreht. Zweifelsohne weiß man weniger, dass die Drehung der Erde, die Tageslänge also, Unregelmäßigkeiten aufweist, so dass die wachsenden Erfordernisse an die Genauigkeit im Jahre 1967 dazu geführt haben, die Definition der Zeiteinheit zu ändern. Die Sekunde ist immer der 86.400. Teil des mittleren Sonnentages. Dennoch ist sie nicht mehr auf dieser Basis definiert. Vielmehr wird sie mit Atomuhren auf Caesium-Basis festgelegt.

Auf der Nordhalbkugel sind die Tage (d.h. die Zeit, die die Erde für eine Umdrehung braucht, und nicht etwa der zur Nacht im Gegensatz stehende Tag) im Sommer ein wenig kürzer als im Winter. Gewiss ist der Unterschied – in der Millisekunden-Größenordnung – für den gewöhnlichen Sterblichen nicht wahrnehmbar; aber er ist nichtsdestoweniger vorhanden. Diese jahreszeitlichen Schwankungen gehen auf Änderungen des atmosphärischen Zirkulationsgeschehens zurück und auf die Reibung der Winde an der Erdoberfläche.

Es gibt auch viel langfristigere Unregelmäßigkeiten. So hat die Tageslänge zwischen 1890 und 1910 kontinuierlich zugenommen, dann bis 1930 abgenommen, aufs Neue bis 1970 zugenommen, bis 1990 erneut abgenommen, und seither wächst sie wieder. Die Amplitude der sägezahnförmigen Kurve beträgt größenordnungsmäßig einige Millisekunden. Diese rekursive Schwankung kann nicht auf die Atmosphäre zurückgeführt werden, und man muss ihren Ursprung im Kern der Erde suchen.

Genauso wie die gasförmige Atmosphäre (an die feste Erde) kann in der Tat auch der flüssige Kern mechanisch an den festen Mantel verkoppelt sein, und eine Änderung in der Fluid-Zirkulation des Kerns kann eine Störung der Rotation der Erde bewirken. Nun ist die Säkularvariation des magnetischen Feldes Ausdruck von Veränderungen der Zustände im Kern. Die gezahnte Kurve, die die Geschwindigkeit der Variation der magnetischen Deklination über die letzten 100 Jahre abbildet, gleicht der Kurve der Veränderungen der Tageslängen wie ein Ei dem anderen. Diese beiden Kurven sind versetzt, und J.-L. Le Mouël und Mitarbeiter im Institut de physique du globe, Paris, haben gezeigt, dass die Sprünge der Säkularvariation um ein Jahrzehnt den Beschleunigungen und Verlangsamungen der Erddrehung vorausgingen. Sie haben auf dieser Basis vorausgesagt, dass etwa 1980 eine Beschleunigung eintreten würde und zwar im Gefolge des Sprunges der Säkularvariation 1969/1970, sodann, dass um 1990 eine Verlangsamung dem Sprung von 1978 folgen würde. Die beiden Vorhersagen haben sich bewahrheitet.

Das ist aber noch nicht alles. Es gibt tatsächlich eine Korrelation zwischen zehnjähriger Variation der Tageslänge und der globalen Temperatur der Atmosphäre – mit einer Verschiebung von ungefähr fünf Jahren. Auch hier handelt es sich um sehr schwache Veränderungen, die in der Größenordnung von einigen Zehntelgraden Celsius liegen. Aber sie können aus der Sicht der Klimatologie signifikant sein. Es ist dann verlockend, eine Kausalkette zwischen Veränderungen der Verhältnisse im Kern und der Rotation der Erde in Betracht zu ziehen, um schließlich bei Klimaschwankungen anzukommen. So ist auch vorgeschlagen worden, dass der 1970er Sprung der Säkularvariation eine globale Temperaturerhöhung in den 1990er Jahren ankündigen könnte. Das sind gewisslich Spekulationen. Aber sie lassen in Betracht ziehen, dass dem Kern eine Rolle bei der Veränderung des Klimas zukommen könnte.

Hot Spots, Mantelkissen, Lavaergüsse und Massensterben

Die Theorie der Plattentektonik hat eine einheitliche und kohärente Sicht geologischer Phänomene erlaubt. Sie sieht ein Dutzend fester Platten, die aus der Kruste und dem oberen Teil des Mantels bestehen, und die mit Geschwindigkeiten von einigen Zentimetern pro Jahr an der Erdoberfläche wandern. Man hat festgestellt, dass die vulkanische Aktivität der Erde im wesentlichen auf die Plattengrenzen festgelegt ist: der Vulkanismus erfolgt ruhig und untermeerisch an den ozeanischen Rücken, von wo die Platten auseinanderwandern, und er ist explosiv an den Subduktionszonen, wo eine Platte unter die andere gerät und dann im Mantel versinkt.

Dennoch gibt es, irgendwo in der Welt, mehr als 100 Vulkane, die in diesem harmonischen Schema keinen Platz haben; denn sie befinden sich im Inneren von Platten. Aktive Inselvulkane, wie auf Hawaii oder auf Réunion, schon tote, wie auf Tahiti, oder noch „rauchende", wie auf den Azoren, sind dem Ozeanboden aufgesetzt. Andere durchschlagen (oder haben durchschlagen) kontinentale Platten: Cantal oder Eifel in Europa, Tibesti oder Kilimandscharo in Afrika, Yellowstone in Nordamerika, um nur einige von ihnen zu nennen. Man spricht hier von „Hot Spots" (und verwendet – in Ermanglung eines treffenden deutschen Begriffes – die angelsächsische Originalbezeichnung).

Die großen kontinentalen Plateaubasalte oder Trappvorkommen sind etwas geologisch Bemerkenswertes. Sie entstanden durch ungeheuere Lavaergüsse, in deren Verlauf Millionen von Kubikkilometern dünnflüssiger Lava, von Hot Spots geliefert, ausflossen, die nun Flächen von mehreren hunderttausend Quadratkilometern bedecken. Ihre Mächtigkeiten können 1000 Meter erreichen oder sogar überschreiten. Beispiele sind die Karoo-Basalte in Südafrika, der Dekkan-Trapp (mit den buddhistischen Höhlen von Ajanta), der im westlichen und zentralen Indien 500.000 Quadratkilometer bedeckt, und dessen Basalt-Mächtigkeit lokal 2000 Meter erreicht. Schließlich muss man die gigantischen Trappbasalte von Sibirien nennen – mit einem Volumen von zwei bis drei Millionen Kubikkilometer.

Die Entstehung des Trapp-Vulkanismus wird durch eine Inselkette oder durch geologische Strukturen erkennbar, wie beispielsweise untermeerische Lineamente vulkanischen Ursprunges, die sie mit ihren Quellen, den Hot Spots, verbinden. So hat man beispielsweise zeigen können, dass die Trappbasalte des Dekkan vor 65 Millionen Jahren ausgeflossen sind – zu einer Zeit, als die Indische Platte auf ihrem Weg nach Norden über den

Abb. 15: Siedlung im Dekkan-Trapp Indiens. – Es handelt sich um Plateaubasalte mit einem von der Erosion präparierten Schichtstufen-Relief (Trapp = Treppenstufe): ein etwa 2000 Meter mächtiger Stapel basaltischer Lava-Ergüsse, der ein Gebiet von nahezu der Größe Frankreichs einnimmt. Die Förderung erfolgte um die Kreide/Tertär-Grenze in einer Zeitspanne von etwa 500.000 Jahren. Die Schmelzen werden einem „Hot Spot" zugeschrieben, der vermeintlich von der Kern/Mantel-Grenze aus aufstieg. (Photo: Jean-Paul Poirier)

Hot Spot von Réunion hinwegwanderte. Nach dieser Phase mit intensivem Vulkanismus hat die Tätigkeit des Hot Spots ein wenig nachgelassen, und als Spuren auf der wandernden Platte blieben die Lakediven, Chagos, der Maskarenen-Rücken und, seit zwei Millionen Jahren schließlich, der immer sehr aktive Vulkan Piton de la Fournaise auf Réunion.

Man wird aber fragen, welche Beziehung hier zur Grenze Mantel/Kern gegeben sei. – Tatsächlich sind die Hot Spots, wie wir oben gesehen haben, Erdoberflächen-Ausdruck der Ankunft von sogenannten Kissen heißen Materials [Mantelkissen], das aus den Tiefen kommt und am Ende des Aufstieges in Folge von Dekompression aufschmilzt. (Der Schmelz-

Hot Spots, Mantelkissen, Lavaergüsse und Massensterben 141

punkt der Gesteine sinkt mit abnehmendem Druck, d.h. mit verringerter Tiefe.) Wenn es nun auch einige Unstimmigkeiten über die Herkunfts-Tiefe der „Kissen" gibt, so denkt doch eine Mehrheit unter den Geophysikern daran, dass zumindest eine gewisse Zahl von Hot Spots aus der Schicht D" stammen könnte. Und die liegt unmittelbar über der Grenze Kern/Mantel. Insbesondere gilt diese Annahme für die Hot Spots, die für die großen Basaltergüsse verantwortlich sind.

Diese Schicht D", heißer und weniger viskos als der Mantel oben drüber, könnte instabil sein. Es käme dann zum Aufstieg heißer Materie, die quer durch den Mantel und bis an die Oberfläche wanderte. Laborversuche erlauben, sich eine Vorstellung von der Form dieser Kissen zu machen, die man mit Pilzen vergleichen könnte, d.h. mit einem voluminösen Kopf, der durch einen dünnen Schwanz ernährt wird. Die großen Basalt-Ergüsse treten dann auf, wenn der Kopf des Kissens an der Erdoberfläche erscheint, eine Aufwölbung bewirkt, mit der Spaltenbildung verbunden ist, und dann aufschmilzt. Nach dem Erguss aus den Massen des Kopfes in ein oder zwei Millionen Jahren und bei gleichzeitiger Verlagerung der Platte ist es dann die im Schwanz beheimatete Gesteinsmasse, die die Vulkangebäude aufbaut, die die Wanderrichtung der Platte abstecken. Und schließlich entsteht aus dem genannten Material der aktuelle Vulkan am Ort des Hot Spots.

Somit ist es wahrscheinlich die Grenze Kern/Mantel, die uns zu der Landschaft der Umgebung von Bombay verholfen hat, ebenso zu den eindrucksvollen, wenn auch relativ gefahrlosen, Vulkanen von Hawaii und Réunion, zu den Geysieren von Yellowstone, den schwarzen Sandstränden von Tahiti und St. Helena, das die meisten als Napoleons letzte Zuflucht kennen.

Vielleicht ist es wiederum die Grenze Kern/Mantel, die auch das Aussterben und das Erscheinen von Arten der Lebewesen gesteuert hat..., um beim Autor und beim Leser dieses Buches anzukommen. Wir begeben uns hier auf das Feld der Spekulation; aber Spekulation in vernünftiger Dosis ist ein wesentlicher Faktor für den Fortschritt unseres Wissens. Darüber hinaus ist die nun folgende Spekulation ziemlich verführerisch, und das ist ein ausreichender Grund, daran teilzuhaben, wenn auch mit gebotener Vorsicht. Zuvor drängt es sich auf, noch einmal abzuschweifen.

Die Geologie ist eine historische Wissenschaft. Seit ihren Anfängen benötigt sie Marken für die verflossene Zeit. Inzwischen kann man den

Gesteinen absolute Alter zuordnen, indem man Methoden verwendet, die auf dem Zerfall von in ihnen vorhandenen radioaktiven Elementen aufbauen. Lange Zeit aber war man gezwungen, sich mit einer relativen Chronologie zufriedenzugeben. Die gründete auf dem Studium von Fossilien. Es war schlechterdings unmöglich, etwas zur Erdgeschichte vor dem Auftreten der ersten mit Hartteilen (Panzer oder Schalen) ausgerüsteten Lebewesen zu sagen. Erst die waren nämlich in der Lage, dem Paläontologen Fossilien im weitesten Sinne in den Sedimenten zu hinterlassen.

Die Paläontologen haben eine chronologische Abfolge dadurch erstellt, dass sie die Evolution verschiedener Arten in übereinander abgelagerten Schichten verfolgten. (Dabei liegt das jüngere grundsätzlich über dem älteren Niveau.) Die Geschichte der Erde ist in „Ären" gegliedert, die ihrerseits in „Systeme" und weiterhin in „Stufen"/„Abteilungen"/„Zonen" u.s.w. untergliedert werden. Die Grenzen zwischen den Zonen entsprechen dem Verschwinden einer oder mehrerer leitender und dem Auftreten neuer Arten. Aussterbe-Ereignisse größeren Umfanges bestimmen die Grenzen zwischen den Systemen. Wenn wir uns nun aber die Grenzen zwischen den Ären anschauen, stellen wir fest, dass sie durch Massensterben festgelegt sind, denen jeweils ein sehr bedeutender Teil der Lebewelt zum Opfer gefallen war.

Die traditionelle geologische Chronologie beginnt somit in praxi mit der sogenannten Explosion des Lebens im Kambrium. Im Kambrium finden wir (nach bisheriger Lesart) die erste fossilführende Zone des sogenannten Paläozoikums. Sie beginnt vor etwa 540 Millionen Jahren, und damals traten u.a. Crustaceen (die Trilobiten) und Mollusken auf. Denen folgten erst viel später Fische und Reptilien. Dann kam es vor etwa 250 Millionen Jahren, zwischen dem Perm, dem letzten System des Paläozoikums, und der Trias, dem ersten des Mesozoikums, zum katastrophalsten jemals registrierten Massensterben: 90 Prozent der marinen Arten, 70 Prozent der Reptilien und Amphibien des Festlandes und 30 Prozent der Insekten verschwanden für immer, von den Pflanzen ganz zu schweigen.

Später, vor nur 65 Millionen Jahren, endete das Mesozoikum mit der Auslöschung von mehr als der Hälfte der Arten. Die Dinosaurier waren unter den Opfern, und trotz der unbestreitbaren (und um ehrlich zu sein, letztlich erstaunlichen) Popularität dieser großen Reptilien müsste man sich über ihr Verschwinden vielmehr freuen als traurig zu sein; denn gerade wegen ihres Aussterbens haben sich die kleinen Säugetiere des Festlandes ausbreiten und entwickeln können.

Nun haben der amerikanische Physiker Luis Alvarez und sein Sohn Walter, ein Geologe, den Gedanken veröffentlicht, dass das Sterben an der Kreide/Tertiär-Grenze durch den heftigen Impakt eines Meteoriten auf der Erde ausgelöst worden ist. Der hätte einen Durchmesser in der Größenordnung von zehn Kilometern gehabt. Die ungeheure Masse in die Atmosphäre geblasenen Staubes hätte für lange Zeit das Sonnenlicht abgehalten. Das hätte zu einer allgemeinen Temperatur-Erniedrigung geführt und die Photosynthese des marinen Planktons verhindert. Auf diese Weise sei es zum Tode der Organismen in der Nahrungskette gekommen. Der Ausgangspunkt für diese Hypothese war die Entdeckung einer anormal hohen Iridium-Konzentration in tonigen Sedimenten der Kreide/Tertiär-Grenze nahe der kleinen italienischen Ortschaft Gubbio (die schon durch den Wolf des Heiligen Franz von Assissi berühmt ist). Nun ist Iridium ein in der Erdkruste seltenes Metall, das aber in Meteoriten relativ häufig auftritt. Diese Anomalie wurde an verschiedenen Orten der Erde und immer an der Kreide/Tertiär-Grenze angetroffen. Bisweilen fand man dort ebenfalls kleine („geschockte") Quarz-Kristalle, die Spuren eines gewaltigen Schock-Ereignisses tragen – wie es beim Impakt eines großen Meteoriten zu erwarten ist.

So verlockend diese Hypothese auch ist, sie konnte nicht alle überzeugen, und eine Kontroverse erregte die Geologenschaft; aber davon haben die Erdwissenschaften schon viele erlebt. Es zeigte sich nämlich gleichfalls – und hier endet unser einleitender Exkurs –, dass auch die Basalte des Dekkan-Trapps an der Kreide/Tertiär-Grenze entstanden sind. Genaue radiometrische Altersbestimmungen haben zudem gezeigt, dass die gewaltige Masse basaltischer Laven in weniger als eine Million Jahren um die Zeitmarke von 65 Millionen Jahren ausgespieen wurde. Hieraus folgt, dass das Szenarium von dem eines Meteoriten-Einschlages nicht sehr verschieden wäre: auch die Eruptionen hätten eine beachtliche Masse an Stäuben und Aerosolen in die Atmosphäre gestoßen. Das hätte zu einem „vulkanischen Winter" geführt, der unvergleichlich strenger gewesen wäre und länger gedauert hätte als die einfachen Klimastörungen, die nach den im Vulkan-Kapitel genannten historischen Vulkan-Ausbrüchen auftraten. Es wäre also zu einem „vulkanischen Winter" gekommen, der für einen Großteil der Lebewesen schlimmste Folgen gehabt hätte.

Die Mehrzahl der wissenschaftlichen Kontroversen endet mit der Niederlage einer der Theorien (oder mit dem Tod ihrer letzten Verfechter). Demgegenüber sieht es in dem gegenwärtigen Fall so aus, als hätte jeder recht. Die Spuren eines Impaktkraters von 300 Kilometer Durchmesser sind 1990 tatsächlich bei Chixculub auf Yucatan (Mexiko) entdeckt worden. Die außergewöhnliche Größe des Kraters und die Datierung der geschmolzenen Gesteine lassen wenig Zweifel an der Tatsache, dass es sich hier um einen an der Kreide/Tertiär-Grenze erfolgten Impakt handelt, dessen Iridium-Anomalien seine Existenz wahrscheinlich machen. Aber es ist im übrigen unbestreitbar, dass der Meteorit von Chixculub mitten in einer schweren ökologischen Krise vom Himmel fiel. Die war von den Stäuben und von den Gasen ausgelöst worden, die das Ausfließen von Millionen von Kubikkilometern Lava begleiteten. Die ähnlichen Auswirkungen der beiden Naturkatastrophen haben sich verstärkt, und der Versuch scheint müßig zu sein, die Verantwortung für das Massensterben der einen oder der anderen Ursache zuschreiben zu wollen. Koinzidenzen, d.h. Zusammentreffen von Ereignissen, sind definitionsgemäß wenig wahrscheinlich; aber sie sind möglich. Und hier haben wir ein Beispiel dafür.

Und wie steht es mit den anderen Massensterben? Es gibt keinen Hinweis auf einen Meteoriten-Einschlag, den man, von der Kreide/Tertiär-Grenze abgesehen, einem Massensterben zuordnen könnte. Im Gegenteil – man hat eine ausgezeichnete Korrelation zwischen den Zeitpunkten der großen Basalt-Ergüsse und den Aussterbe-Ereignissen belegen können, die die Grenzen von Stufen und Ären markieren. So ist das Massensterben am Ende des Paläozoikums, an der Perm/Trias-Grenze, das bedeutendste von allen, zeitgleich mit den sibirischen Trapp-Basalten. Für die war ohne Zweifel der Jan-Mayen-Hot Spot verantwortlich. Das Aussterben am Ende der Trias erfolgte zeitgleich mit den Trapp-Basalten der Ostküste der Vereinigten Staaten, die die basaltischen Steilküsten der „Palisades" am Westufer des Hudson bilden. Insgesamt sind unter den zwölf Vorkommen von Plateaubasalten, die in den letzten 300 Millionen Jahren entstanden sind, wenigstens neun, darunter die zwei bedeutendsten, gut mit Massensterben korreliert.

Es erscheint somit nicht unvernünftig zu sein, an eine kausale Kette zu denken, die an der Grenze Kern/Mantel beginnt und bis zu Auslöschungsereignissen in der Biosphäre führt. Die Zwischenglieder wären die Mantelkissen, die Hot Spots und die Auswirkungen der großen Lavergüsse auf das Klima.

Schlussfolgerungen

Ist die Erde nun eine Mutter oder eine Rabenmutter? – Beides, ohne Zweifel ... oder aber, eher wahrscheinlich, weder das eine noch das andere. Wir lassen uns doch nicht durch die Metapher täuschen: die Erde verhält sich der Menschheit gegenüber indifferent. Diese muss wissen, wie die Ressourcen der Erde am besten zu nutzen sind, wie man es verhindert, die Zukunft durch mangelnde Vorsorge zu überschulden. Und gleichfalls obliegt es der Menschheit, den möglichen latenten Gefahren vorzubeugen und zur rechten Zeit auf natürliche Katastrophen zu reagieren.

Vorhersage, Vorausschau, Vorbeugung, Vorsicht sind die Kernbegriffe, die alle mit derselben Vorsilbe anfangen. Sie alle beinhalten, auf die eine oder andere Art, dass man zukünftige Realitäten berücksichtigen muss. Sie aber klar vorauszusagen, bleibt uns in Ermanglung einer Cassandra, wie einst in Troja, unmöglich.

Unsere fortschrittlichen Gesellschaften haben durch Ignoranz, Sorglosigkeit oder Egoismus zugelassen, dass sich auf mehr oder weniger lange Sicht potentiell gefährliche Situationen entwickeln. Derer beginnt man sich erst bewusst zu werden. Treibhauseffekt, Ozonloch, radioaktive Abfälle, Erschöpfung der Wasserreserven – das sind Themen, zu denen jeder eine Meinung hat... Und das ist in einer Demokratie sehr gesund. Weniger gesund aber ist es, dass die Meinung im allgemeinen auf unvollständigen, häufig unkorrekten und oft tendenziösen Informationen gründet. Die Öffentlichkeit bangt mit Fug und Recht, ob die Politiker die gebotenen Maßnahmen ergreifen, um die Gefahr zu bannen. Auf der anderen Seite zögern die Verantwortlichen, im Interesse zukünftiger Generationen Maßnahmen zu ergreifen, die im Augenblick teuer sind, denen sich zudem verschiedene Interessengruppen entgegenstellen. Das gilt um so mehr, als die Risiken nicht unmissverständlich definiert sind, die gebotenen Maßnahmen aber noch weniger. In einer solchen Situation schaut jeder auf die Wissenschaftler und erwartet, dass sie die Risiken präzisieren und den Weg weisen, dem man folgen muss, um sie abzuwenden. Wohl gemerkt, jedermann ignoriert oder tut so, als wisse er nicht, dass eine solche Einstellung den wissenschaftlichen Spielregeln zutiefst widerspricht. Diese verlangen, dass man im Falle einer unklaren Antwort auf eine Frage nicht irgendeine Sicherheit zum Ausdruck bringt ... um so mehr, wenn man keine gute Frage formulieren kann, was oft genug der Fall ist.

Dann bleibt die Patentlösung, das Wundermittel: das „Prinzip der Vorsicht". Die Wissenschaftler sind in ihrer Mehrheit ungefähr so sicher, wie sie es sein könnten, dass es einen Schwellenwert gibt, und dass sehr schwache Dosen von Strahlung, Asbest oder welchem Stoff auch immer gefahrlos sind. Aber es widerspräche wissenschaftlicher Ethik zu bestätigen, dass sie 100-prozentig sicher sind, wie beispielsweise beim Gravitationsgesetz. Man kann es nun einmal nicht beweisen. Fehlt aber die formelle Versicherung, dass es kein Risiko gibt, verhalten sich die Befürworter des unerreichbaren „Null-Risikos" so, als sei ein schwerwiegender Zweifel gegeben. Und sie schreien nach dem Prinzip der Vorsicht: ein einziges Strahlungs-Quantum, eine einzige Asbest-Faser, ein einziges Mikrogramm eines Quacksalber-Mittelchens, alles wirkt tödlich.... Man verlangt also von der Regierung, dass sie die gebotenen Verbote ausspricht. Wenn, wie in den Vereinigten Staaten, die „pressure-groups" nur gut genug organisiert sind und die Entscheidungsträger unter der ständigen Bedrohung ruinöser Prozesse leben, hat das Manöver in der Regel Erfolg. Das Vorsichts-Prinzip könnte man bisweilen als „Regenschirm-Prinzip" bezeichnen.

Der Fall von Naturkatastrophen ist etwas anders gelagert. Die Menschen, die in seismisch oder vulkanisch gefährdeten Bereichen – notwendigerweise oder freiwillig – leben, sind sich im allgemeinen bewusst, dass es zu einem Erdbeben kommen oder dass der Vulkan in der Nachbarschaft erwachen kann; aber die Menschen hoffen immer, dass sich das nicht zu ihren Lebzeiten ereignet. Und sie wissen auch sehr wohl, dass man Wutanfällen der Erde keine Fesseln anlegen kann. Ängstlich sind die politisch Verantwortlichen; denn sie wissen sehr wohl, dass man sie im Falle einer Katastrophe anklagen wird, ihre Verantwortung verletzt, nicht die notwendigen Vorkehrungen getroffen oder auch nicht rechtzeitig die Evakuierung von Risiko-Gebieten angeordnet zu haben. Sie wenden sich also im allgemeinen gegen die Wissenschaftler, übertragen ihnen irgendwie die Verantwortung, indem sie wieder einmal von ihnen verlangen, was die nicht geben können – genaue Versicherungen bezüglich des Risikos und seiner zeitlichen Einordnung abzugeben.

Man merkt, dass zwei Worte unaufhörlich aus der Feder fließen – „Risiko" und „Verantwortung". So sehr nun das erste ausgesprochen relativ ist und der Zuständigkeit der Psychologie wie der wissenschaftlichen Realitäten unterliegt, so sehr hat das zweite einen wohl definierten Inhalt im Zivil- wie im Strafrecht.

Der Begriff „Risiko" ist in der Tat ausgesprochen verschwommen. Das gilt nicht nur in Hinblick auf seinen Wahrscheinlichkeitscharakter, sondern auch deshalb, weil das Verständnis von Risiko von einem Individuum und von einer Gruppe von Individuen zur anderen variiert. Zudem werden manche Risiken bewusst akzeptiert, während andere, geringere, heftig zurückgewiesen werden. Auf diese Weise ist es möglich, eine Art Typologie der Einstellung zu Risiken zu entwickeln.

Die aus der Gewohnheit entsprungene Unbekümmertheit, oft fatalistisch gefärbt, ist ein solcher Fall. Man trifft ihn bei Bewohnern von seismisch gefährdeten oder vulkanischen Gebieten, d.h. bei einem großen Teil der Weltbevölkerung. Ein Indonesier oder ein Japaner weiß, dass sein Haus in fernerer oder näherer Zukunft über ihm einstürzen kann. Oder dass es der nahe Vulkan unter Lava begräbt. Aber er ist sich nicht sicher ... , während er dagegen absolut sicher ist, eines Tages zu sterben. Das aber hindert ihn keineswegs daran, zu leben und trotzdem darauf zu warten. Das bedeutet im übrigen nicht, dass er die Katastrophe mit Teilnahmslosigkeit erwarten wird, wenn sie kommt. Das ist die Einstellung, die man, meiner Meinung nach, zweckmäßigerweise übernehmen sollte, wenn es um zeitlich ferne und sehr unwahrscheinliche Risiken geht, von denen manche in sehr wenig selbstloser Weise drohen: Ich denke insbesondere an das Kollisions-Risiko mit einem Asteroiden, von denen manche „nahe" an der Erde vorbeifliegen, das heißt in einigen Millionen Kilometern Entfernung. Für deren Überwachung würden aber manche Astronomen gerne kostspielige Programme auflegen lassen.

Manche Risiken werden oft bewusst akzeptiert; aber das kann auf verschiedene Art und Weise erfolgen. Man kann ein Risiko ganz allgemein eingehen, ohne aber stets bei Schritt und Tritt daran zu denken. So steht es mit den Risiken des täglichen Lebens: So nimmt man – ungeachtet der gestiegenen Zahl der Verkehrsunfälle – sein Auto und denkt nicht lange über Unfälle nach. Die stoßen, wie jeder weiß, ohnehin nur anderen zu.

Wir wollen von der Haltung absehen, ein bestimmtes Risiko bewusst und umsichtig einzugehen. Diese finden wir bei denen, die beruflich Risiken ausgesetzt sind, bei Feuerwehrmännern, Rettern, Minenräumern usw.. Wir wollen auch die gegenteilige Haltung ausklammern, die man bei Freunden großer Sensationen und bei Vertretern von „Risiko-Sportarten" antrifft, die geradezu systematisch das Risiko suchen.

Die Fälle der Risiko-Verweigerung sind mannigfaltiger. Ein Risiko, das von einer Gruppe abgelehnt wird, kann die andere akzeptieren, weil sie es nicht als solches sieht. An just dem Tage, als ich ein japanisches Warmwasserbad verließ, das auf den erhöhten Radon-Gehalt in seinen Bädern stolz ist, las ich in der Zeitung, dass man in den Vereinigten Staaten Schulen evakuierte, in denen der Radon-Gehalt 1000-fach geringer war.

Ein Risiko kann auch abgelehnt werden, obwohl es unendlich viel kleiner als andere, gemeinhin akzeptierte, sein kann, oder obwohl schon seine Existenz umstritten ist. Ganz allgemein ist der hauptsächliche – und in einem gewissen Maße auch gerechtfertige – Grund derjenige, dass das Risiko als von außen auferlegt und nicht als frei gewählt empfunden wird. Andererseits gründet die Ablehnung aber auch oft auf unerschütterlichen Auffassungen, die ihrem Wesen nach religiösen Ansichten nahestehen. So wird heute keine einzige Zahl einen militanten Atomgegner davon überzeugen, dass der Grad der Radioaktivität in der Nähe eines Atomkraftwerkes oder eines unterirdischen Zwischenlagers nicht einmal das natürliche Hintergrundrauschen übersteigt. Es ist eine Tatsache, dass das Bestreben von Behörden und Regierungen, – beispielsweise bei Unfällen wie dem von Tschernobyl – um jeden Preis zu beruhigen, nicht gerade zu einem Klima des Vertrauens geführt hat.

Es bleibt das schwierige Problem der Risiken auf lange Sicht, beispielsweise das der globalen Erwärmung infolge der anthropogenen Treibhausgase. Wir haben gesehen, dass praktisch kein Wissenschaftler daran zweifelt, dass das Risiko gegeben ist. Nur über das Ausmaß und über das Fälligkeitsdatum kann man sich einfach nicht einigen. Das Risiko zu negieren und dagegen keine wie auch immer gearteten Maßnahmen zu ergreifen, heißt in gewissem Maße, es zu akzeptieren ... für zukünftige Generationen.

Staatliche oder lokale Autorität trägt, jede in dem ihr gesteckten Rahmen, die Verantwortung dafür, im Falle von Naturkatastrophen in angemessener Zeit geeignete Maßnahmen zum Schutz von Leib und Leben, Hab und Gut zu ergreifen. Auf der anderen Seite muss die Verantwortung für Langfrist-Risiken, wie globale Erwärmung oder Zerstörung der Ozonschicht, im internationalen Rahmen übernommen werden. In diesen beiden Fällen erkennt man an, dass Wissenschaftler die Verantwortung dafür tragen, dass sie alle in ihrem Besitz befindlichen Daten an die Obrigkeit weitergeben, auf dass die die besten Entscheidungen treffe.

Aber das Wort „Verantwortung" hat nicht in allen Fällen exakt dieselbe Bedeutung. Denken wir beiläufig daran, dass die Worte „Verantwortlicher" und „Verantwortung" oft wenig präzise verwendet werden. Ist es beispielsweise sinnvoll, aus Sorge vor einem schlecht plazierten Euphemismus, den „Direktor" einer Forschergruppe als „Responsable" [Verantwortlichen] zu bezeichnen? Das bedeutet, wenn Worte einen Sinn haben, dass man der legitimen Aufgabe eines Forschungsleiters die Verpflichtung des Direktors voranstellt, seinen Fehler zu beheben, wenn er unglücklicherweise einen begeht.

Es gibt nämlich keine Verantwortung ohne Fehler. Das Bürgerliche Gesetzbuch Frankreichs besagt in seinen Artikeln 1382 und 1383: „Jede beliebige Tat des Menschen, die anderen einen Schaden zufügt, verpflichtet denjenigen, durch dessen Fehler er entstanden ist, ihn zu beheben". – und – „Jeder ist für den Schaden verantwortlich, den er verursacht hat, nicht nur durch seine Tat, sondern auch durch seine Fahrlässigkeit oder durch seine Unvorsichtigkeit".

Man sieht, dass ein Verschulden vorliegt, wenn die zuständigen Behörden nicht angemessene Maßnahmen zum Schutze der Bevölkerung ergreifen – vor oder während eines Erdbebens oder eines Vulkan-Ausbruches – und somit, dass sie verantwortlich sind …, obwohl nicht immer klar zu entscheiden ist, welche Maßnahmen und, vor allem, wann sie zu ergreifen sind. Das ist im übrigen der Punkt, wo man dazu neigt, die Verantwortung den wissenschaftlichen Ratgebern anzulasten. Aber es läge nur dann ein Verschulden vor, wenn die Wissenschaftler Informationen verheimlichten oder verfälschten … nicht aber, wenn sie nicht sagen, was sie nicht wissen.

Die Verantwortung gegenüber zukünftigen Generationen ist ein noch verschwommenerer Begriff. Die Jurisprudenz sagt, dass „zukünftiger Schaden behoben werden muss, wenn sicher ist, dass er eintreten wird, und wenn er sich sofort abschätzen lässt". – Das aber trifft nun wahrlich nicht auf die Langfrist-Risiken zu, die wir besprochen haben. Und wie sollte man einen Schaden beheben, den Personen, die noch nicht geboren sind, noch nicht erlitten haben? Es ist besser, von einer moralischen Verpflichtung zur Vorsorge zu sprechen … ohne von der Tatsache zu reden, dass die Moral hier, wie so oft, von einem wohl verstandenen Interesse begleitet sein kann.

Was nun die Analyse natürlicher Risiken und der durch unbedachte Nutzung der Ressourcen der Erde entstandener Risiken betrifft, hat der Wissenschaftler kaum jemals eine tatsächliche, zivile oder strafrechtliche, Verantwortung; aber er unterliegt immer der moralischen Verpflichtung zur Wahrhaftigkeit.

Das letzte Wort in Sachen „Risiko" steht vielleicht Antoine Arnaud & Pierre Nicole zu, den Autoren von „*La Logique ou l'art de penser*" (1662) [Die Logik oder die Kunst zu denken], besser unter der Bezeichnung „*Logique de Port-Royal*" bekannt. Im letzten Kapitel findet man unter der Überschrift „*Du jugement que l'on doit faire des accidents futurs*" [Über die notwendige Beurteilung zukünftiger Zwischenfälle] diese Worte der Weisheit: „Bei Vorkommnissen aber, die man in gewisser Weise miterlebt, und die man durch eigene Bemühungen entweder befördern oder verhindern kann, indem man sich ihnen aussetzt oder sie vermeidet, erliegen manche Menschen einer Illusion, die um so trügerischer ist, als sie ihnen vernünftiger erscheint. […] Wenn sie nämlich ein großes Übel fürchten, wie den Verlust des Lebens oder all ihres Besitzes, so glauben sie, dass es weise sei, keine einzige Vorsichtsmaßnahme zu seiner Vermeidung zu unterlassen. […] Der Fehler dieser Argumentation ist, dass zur Beurteilung dessen, was zu tun ist, um ein Gut zu erlangen oder ein Übel zu vermeiden, nicht nur das Gute bzw. das Schlechte an sich zu betrachten ist, sondern auch die Wahrscheinlichkeit, mit welcher es eintritt oder nicht. schließlich muss man mathematisch ermitteln, welche logische Schnittmenge hierbei besteht. […] Jene Personen, die unverhältnismäßige und unangenehme Vorkehrungen treffen, um ihr Leben und ihre Gesundheit zu erhalten, sind dadurch eines besseren zu belehren, dass man ihnen nämlich zeigt, dass diese Vorsichtsmaßnahmen ein größeres Übel sind als es die so weit entfernte Gefahr des Unfalles, den sie fürchten, je sein kann. Doch sind mit diesem Hinweis auch all' jenen die Augen zu öffnen, die mit ihren Handlungen kaum anders als auf diese Weise argumentieren".

Literatur

Erdbeben

AGRICOLA, G.: De natura eorum quae effluunt ex terra, III. – Froben, Basel (1546).
AMBRASEYS, N.N. & MELVILLE, C.P.: A history of Persian earthquakes. – Cambridge University Press (1982).
ARISTOTELES: Meteorologica. Kap. VIII. – The Loeb Classical Library, Harvard University Press (1952).
BENTOR, Y.K.: Geological events in the Bible. – Terra Nova, I: 326–338 (1989).
BERNIER, F.: Abrégé de la philosophie de Gassendi. Band 5. – Corpus des oeuvres de philosophie en langue française. – Fayard (1992).
BOSCHI, E.; FERRARI, G.; GASPERINI, P. GUIDOBONI, E.; SMRIGLIO, G. & VALENSISE, G.: Catalogo dei forti teremoti in Italia dal 461 a.C. al 1980. – Instituto nazionale de geofisica, Rom (1995).
BOSCOWITZ, A.: Volcans et tremblements de terre. – P.Ducrocq, Paris. (o.D.)
BUSKIRK, R.E.; FROHLICH, C. & LATHAM, G.V.: Unusual animal behavior before earthquakes: A review of possible sensory mechanisms. – Reviews of geophysics and space physics, 19: 247–270 (1981).
CAIAZZA, D.: Earthquakes and ancient peasant cultures: Ethnographic observations following the 26th July 1805 earthquake. – Annali dei Geofisica, 38: 555–557 (1995).
CICERO Marcus Tullius: De Divinatione. – M.Tuliii Ciceronis De divinatione libri II. – Hrsg. PEASE, Arthur Stanley (1963). – 656 S.; Darmstadt (Wiss. Buchges.) [Nachdruck der Ausgabe Urbana 1920–23]
DAUBRÉE, A.: Les régions invisibles du globe et des espaces célestes. – Alcan (1888).
DESCARTES, R.: Les Principes de la philosophie. (1644).
ELIEN: De natura animalium, VI, 16; IX, 19. – F. Didot (1868).
GARZA, T. & LOMNITZ, C.: The Oaxaca Gap: A case history. – Pure and Applied Geophysics, 117: 1187–1194 (1979).
GELLER, R.J.: Earthquake prediction: a critical review. – Geophys. J. Int., 131: 425–440 (1997).
GORI, P.L.: The social dynamics of a false earthquake prediction and the response by the public sector. – Bull. Seismological Society of America, 83: 963 –980 (1993).
GUIDOBONI, E.: Catalogue of ancient earthquakes in the Mediterranean area up to the 10th century. – Instituto Nazionale de geofisica, Roma (1994).
GUIDOBONI, E.: I terremoti prima del Mille in Italia e nell'area mediterranea. – SGA Bologna (1989).

HELBING, H. & HINDERMANN, F. (Hrsg., 1990): Französische Dichtung. – Bd. 2: Von Corneille bis Gérard de Nerval. – München (C.H.Beck)
HIRAMATSU, T.: Urban earthquake hazards and risk assessment of earthquake prediction. – J. Phys. Earth, 28: 59–101 (1980).
JACQUES, F. & BOUSQUET, B.: Le raz de marée du 21 juillet 365, du cataclysme local à la catastrophe cosmique. – Mélanges de l'École française de Rome (Antiquité), 96: 423–461 (1984).
KANT, I.: Geschichte und Naturbeschreibung der merkwürdigsten Vorfälle des Erdbebens, welches an dem Ende des 1755sten Jahres einen grossen Theil der Erde erschüttert hat. (1756).
KOMATSU, S.: La submersion du Japon. – Ph. Picquier (1996).
KORAN, Der. – Aus dem Arabischen übersetzt von Max Henning. – 631 S.; Stuttgart (Universalbibliothek No. 4206; Philipp Reclam jun.) (1991).
MACKAY, L.A.: The Earthquake-Horse. – Classical philology, 41: 150–154 (1946).
MEUNIER, S.: Les convulsions de l'écorce terrestre. – 162 S.; Flammarion (1922).
MONTESSUS DE BALLORE, F. de: Ethnographie sismique et volcanique. – H. Champion (1923).
MONTESSUS DE BALLORE, F. de: Les Tremblements de terre, géographie séismologique. – A.Colin (1906).
OLSON, R.S.: The politics of earthquake prediction. – Princeton University Press (1989).
PHILASTRE: „Sancti Philastri episcopi Brixiani liber haeresibus", CII, De terrae motu haeresis, Migne, Patrologie latine, XII (1845).
PLATON: Critias. – Übersetzt von L. BRISSON, 111-d, GF Flammarion (1922).
PLATO: Critias. – (In:) APELT, Otto (Hrsg., 1922): Platons Dialoge. Timaios und Kritias. – 224 S.; Leipzig (Meiner). (Philosophische Bibliothek, 179)
PLATO: Timaios [Timeus]. – Hrsg. Hans Günter ZEKL (1992): – LXXXII, 245 S.; Hamburg (Meiner).
PLINIUS d. Ä. [C. Plinius Secundus d. Ä.]: Naturkunde. Lateinisch – deutsch. Buch II: Kosmologie. – KÖNIG, R. & WINKLER, G. (Hrsg., 1973); Darmstadt (Wiss. Buchgesellschaft).
SHAKESPEARE, W.:. König Heinrich der Vierte. – Übersetzt v. August Wilhelm Schlegel, Hrsg. D. KLOSE (1994); Stuttgart (Philipp Reclam, Universalbibliothek No. 81).
SENECA, Lucius Annaeus ‹Philosophus›: Naturales quaestiones. – BROK, Martinus F.A. (Hrsg., 1995): Naturwissenschaftliche Untersuchungen. – XI, 492 S.; Darmstadt (Wiss. Buchges.).
VOLTAIRE: Poème sur le désastre de Lisbonne ou Examen de ce axiome, tout est bien (1756). Oeuvres complètes, Band I. – Paris, Didot (1827). (vgl. HELBLING, H. & HINDERMANN, F. (Hrsg., 1990).)

Vulkane

AUBERT DE LA RÜE, E.: L'Homme et les volcans. – Gallimard (1958).
BOUDON, G.; SEMET, M.-P. & VINCENT, P.-M.: Les éruptions à écroulement de flanc sur le volcan de la Grande-Découverte (La Soufrière) de Guadeloupe: implications sur le risque volcanique. – Bull. Soc. Géol. France, 163: 159–167 (1992).
BRYDONE, M.: Voyage en Sicile et à Malthe. – Übersetzt von M. Demeunier. Amsterdam (1775).
DION CASSIUS: Histoire romaine. – Übersetzt von E. Gros. – F. Didot (1867).
ENDO, S.: Volcano. – C.E.Tuttle, Tokio (1979).
GREGOR d. Große: Sancti Gregorii papae I opera omnia. Kap. XXX, Migne, Patrologie latine, Vol. LXXVII (1849).
HAMMER, C.U.; CLAUSEN, H.B. & DANSGAARD, W.: Greenland ice sheet evidence of post-glacial volcanism and its climatic impact. – Nature, 288: 230–235 (1980).
JENARO GONZALEZ, R. & FOSHAG, W.F.: The birth of Paricutin. – Publ. 3878, Smithsonian Institution, Washington (1947).
LOWRY, M.: Under the volcano (1947). – Signet books (1966).
OVIEDO Y VALDEZ, G.: Historia general y natural de las Indias. – Madrid (1855).
PLINIUS d. J.: Epistulae. – C. Plinii Caecilii Secundi epistularum libri decem (lateinisch – deutsch). – Hrsg. KASTEN, Helmut (1984): – 5. Aufl., 711 S.; München u.a. (Artemis). (Sammlung Tusculum)
SIGURDSSON, H.: Volcanic pollution and climate: The 1783 Laki eruption. – EOS, 63: 601–602; American Geophysical Union (1982).
SIGURDSSON, H.; CAREY, S.; CORNELL, W. & PESCATORE, T.: The eruption of Vesuvius in A.D. 79. – National Geographic Research, 1: 332–387 (1985).
SONTAG, S.: The Volcano Lover. – J. Cape, London (1992).
STOMMEL, H. & STOMMEL, E.: The year without a summer. – Scientific American, 240: 134–140; New York (1979).
STOTHERS, R.B. & RAMPINO, M.R.: Volcanic eruptions in the Mediterranean before A.D. 630 from written and archaeological sources. – J. Geophys. Res., 88: 6357–6371 (1983).
STRABO: Geographica. – Strabo's Erdbeschreibung. – Hrsg. FORBIGER, Albert (o.J.); Berlin u.a. (Hoffmann)
VITRUVII De architectura libri decem. – Hrsg. FENSTERBUSCH, Curt (1991): – 5. Aufl., XI, 585, 20 S.; Darmstadt (Wiss. Buchges.). (Bibliothek klassischer Texte, lat. u. dt.)
VOIGHT, G.: The 1985 Nevado del Ruiz volcano catastrophe: anatomy and retrospection. – J. Volcanology & Geothermal Res., 42: 151–188 (1990).

Radioaktivität

ABELSON, P.: Radon and reality: the role of flimflam in public policy. – Washington Times, 8.05.1991.
ACADÉMIE DES SCIENCES: Problème lié aux effets des faibles doses de radiations ionisantes. – Rapport No. 34, Technique et Documentation (1995).
ALLEGRE, C.J.: Écologie des villes, écologie des champs. – 233 S.; Fayard (1993).
CAVEDON, J.M.: La radioactivité. – Coll. „Dominos", Flammarion (1996).
COHEN, B.L.: How dangerous is low level radiation? – Risk Analysis, 15: 645–653 (1995).
CROWLEY, K.D.: Nuclear waste disposal: the technical challenges. – Physics today, 50: 32–39 (1997).
DAUTRAY, R. & TUBIANA, M.: La radioactivité et ses applications. – Coll. „Que sais-je?", PUF (1996).
JAWOROWSKY, Z.: Hormesis: The beneficial effects of radiation. – Biology and Medicine, 22–27; Fall (1994).
MIFUNE, M.; SOBUE, T.; ARIMOTO, H.; KOMOTO, Y.; KONDO, S. & TANOOKA, H.: Cancer mortality survey in a spa area (Misasa, Japan) with a high radon background. – Jap. J. Cancer Res., 83: 1–5 (1992).
MINE, M.; OKUMURA, Y.; ICHIMARU, M.; NAKAMURA, T. & KONDO, S.: Apparently beneficial effect of low to intermediate doses of A-Bomb radiation on human lifespan. – Int. J. Radiation Biology, 58: 1035–1043 (1990).
NAUDET, R.: Oklo, des réacteurs fossiles. – La Recherche, 6: 507–518 (1975).
RINGWOOD, A.E.; KESSON, S.E.; WARE, N.G.; HIBBERSON,W. & MAJOR, A.: Immobilisation of high level nuclear reactor wastes in SYNROC. – Nature, 278: 219–223 (1979).
STROHL, P.: Prévention et responsabilité pour le risque technologique: émotions, concepts et réalités. – La Vie des Sciences, 13: 297–317 (1996).
TURLAY, R. (Hrsg.): Les déchets nucléaires, un dossier scientifique. – Éditions de Physique (1997).
WEART, S.R.: Nuclear fear, a history of image. – Harvard University Press (1988).
WEINBERG, A.M.: Science and Trans-Science. – Minerva, 10: 209–222 (1972).

Klima

ACADÉMIE DES SCIENCES: L'effet de serre. – Rapport no. 31, Technique et Documentation (1994).
ARRHENIUS, S.: On the influence of Carbonic Acid in the air upon the temperature of the ground. – Philosophical Magazine, 41: 237–276 (1896).

ARRHENIUS, S.: L'Évolution des mondes. – Übersetzt von T. Seyrig. Ch. Béranger, Paris (1910).
BERGER, A.: Le climat de la Terre. – De Boeck Université (1992).
FOURIER, J.: Mémoire sur les températures du globe terrestre et des espaces interplanétaires. – Mém. Acad. Roy. des Sciences Institut de France, 7: 569–604 (1827).
KVENVOLDEN, K.A.: Gas hydrates – Geological perspective and global change. – Reviews of Geophysics, 31: 173–187; Washington (1993).
LORIUS, C.; JOUZEL, J.; RAYNAUD, D.; HANSEN; J. & LE TREUT, H.: The ice-core record: climate sensitivity and future greenhouse warming. – Nature, 347: 139–145 (1990).
MÉGIE, G.: Stratosphère et couche d'ozone. – Masson (1992).
ORESKES, N.; SHRADER-FRECHETTE, K. & BELITZ, K.: Verification, validation, and confirmation of numerical models in the Earth Sciences. – Science, 263: 641–646 (1994).
REVELLE, R.: Carbon dioxide and world climate. – Scientific American, 247: 33–41 (1982).
SADOURNY, R.: Le climat de la Terre. – Coll. „Dominos", Flammarion (1994).
SCHNEIDER, S.H.: The greenhouse effect: science and policy. – Science, 243: 771–781 (1989).
WEART, S.R.: The discovery of the risk of global warming. – Physics today, 50: 34–40; Woodbury, N.J.(1997).

Die lebenswichtigen Flüssigkeiten

ANONYMUS: SPE/WPC Draft, Reserves Definitions. – J. Petroleum Technology: 694–695 (August 1996).
BESSET, J.P.: L'eau: la guerre ou le marché. – Le Monde, 27.03.1997.
CARDAN, J.: De subtilitate. – Übersetzt von Richard Le Blanc. – Michel Sonnius, Paris (1578).
COLE, S.A.: Which came first, the fossil or the fuel? – Social Studies of Science, 26: 733–766 (1996).
DÉCEMBRE-ALONNIER: Pétrole. – Dictionnaire populaire illustré, article. Paris (1864).
GLEICK, P.H. (Hrsg): Water in crisis. – Oxford University Press (1993).
LAHERRERE, J. & PERRODON, A.: Technologie et réserves. – Pétrole et techniques, No. 406, 10 (1997).
MARSILY, G. de: L'Eau. – Coll. „Dominos", Flammarion (1995).
MENDELEJEW, D.: L'origine du pétrole. – La Révue scientifique, 409–416, 3. Nov. 1877.
NEEDHAM, J. & RONAN, C.A.: The shorter science and civilisation in China. Vol. 2 – Cambridge University Press (1981).

Die Grenze Kern-Mantel

ALVAREZ, W. & ASARO, F.: An extraterrestrial impact. – Scientific American. (Okt. 1990).

COURTILLOT, V.: A volcanic eruption. – Scientific American (Okt. 1990).

COURTILLOT, V.; LE MOUEL, J.-L.; DUCRUIX, J. & CAZENAVE, A.: Geomagnetic secular variation as a precursor to climatic change. – Nature, 297: 386–387 (1982).

COURTILLOT, V. & VALET, J.-P.: Secular variation of the Earth's magnetic field: from jerks to reversals. – C.R Acad. Sci. Paris, 320: 903–922 (1995).

COURTILLOT, V.: La vie en catastrophes. – 279 S.; Fayard (1995).

Das Sterben der Saurier. – 136 S.; Stuttgart (Enke) 1999.

LE MOUEL, J.-L.; COURTILLOT, V. & JAULT, D.: Changes in Earth rotation rate. – Nature, 255: 26–27 (1992).

POIRIER, J.-P.: Le noyau de la Terre. – Coll. „Dominos", Flammarion (1996).

POIRIER, J.-P.: Les profondeurs de la Terre. – 2e éd., 140 S.; Masson (1996).

RICHARDS, M.A.; DUNCAN, R.A. & COURTILLOT, V.: Flood basalts and Hot Spot tracks: plume heads and tails. – Science, 246: 103–107 (1989).

Schlußfolgerungen

ARNAULD, A. & NICOLE, P.: La logique ou l'Art de penser. – Paris, G. Desprez & G. Cavelier (1752).

Abbildungsnachweise

Erdbeben

Abb. 1:   Aufnahme: Tapponnier
Abb. 2:   MASURE, Ph. (1989): La vulnérabilité des sociétés modernes face aux catastrophes naturelles. – La Recherche, No. 212: 8–13 (Juli 1989).
Abb. 3:   CARA, M. & TRONG PHO, H. (1989): Le risque sismique en France. – La Recherche, No. 212: 13–16 (Juli 1989).

Vulkane

Abb. 4:   FERRUCCI, F. (1995): Faudra-t-il un jour évacuer Naples? – La Recherche, 26, No. 274: 305–309 (März 1995)
Abb. 5:   LENAY, J.-F. (1995): A l'affût des signes précurseurs. – La Recherche, 26, No. 274: 296–301 (März 1995).

Radioaktivität

Abb. 6:   NÉNOT, J.-C. & COULON, R. (1992): La catastrophe de Tchernobyl. Un bilan inattendu. – La Recherche, 23, No. 246: 1070–1079 (Sept. 1992).
Abb. 7:   Aufnahmen: Kiénast

Klima und Inneres der Erde

Abb. 8:   LAMBERT, G. (1992): Les gaz à l'effet de serre. – La Recherche, 23, No. 243: 550–556 (Mai 1992).
Abb. 9:   GRUBB, M. (1992): Politiques de l'énergie et effet de serre. – La Recherche, 23, No. 243: 616–625 (Mai 1992).

Die lebenswichtigen Flüssigkeiten

Abb. 10: GILLET, Ph. (1993): L'eau du manteau terrestre. – La Recherche, 24, No. 255: 676–685 (Juni 1993).
Abb. 11: THUILLIER, P. (1990): Les mythes de l'eau. – La Recherche, 21, No. 221: 536–547 (Mai 1990).
Abb. 12: SAINT-JUST, J. et mult. (1990): Le gaz naturel, matière première pour l'avenir. – La Recherche, 21, No.222: 730–738 (Juni 1990).

Die Grenze Kern/Mantel

Abb. 13: VALET, J.-P. & COURTILLOT, V. (1992): Les inversions du champ magnétique terrestre. – La Recherche, 23, No. 246: 1002–1013 (Sept. 1992).
Abb. 14: HINDERER, J. et al. (1991): Le noyau terrestre. – La Recherche, 22, No. 233: 760–769 (Juni 1991).
Abb. 15: Photo: Jean-Paul Poirier

Berge und Gebirge

Werden und Vergehen geologischer Großstrukturen

von Prof. Dr. Maurice Mattauer, Montpellier

ins Deutsche übertragen von Prof. Dr. Herbert Voßmerbäumer, Würzburg
1999. VIII, 191 S., 93 Abb., 1 Tab., brosch. 17 x 24 cm
ISBN 3-510-65184-7, € 29,-

Unsere Gebirge bewegen sich jedes Jahr um kaum mehr als einen Millimeter, aber diese gerade noch messbare Bewegung reicht aus, um die Berge in Jahrmillionen um Tausende von Metern emporzuheben und wieder einzuebnen.

Den Geologen ist es gelungen, dieses Werden und Vergehen zu entziffern und die Veränderungen zu erkennen, die die jungen Gebirge, wie die Alpen und der Himalaja, oder die alten, wie das Variszische Gebirge, in ihrer Geschichte erfahren haben. Der Motor der Gebirgsentstehung ist die Plattentektonik, die auch das Verschieben der Kontinente und das Entstehen der Ozeane steuert.

Maurice Mattauer beschreibt in seinem Buch, versehen mit vielen informativen und eindrucksvollen Abbildungen, die Geschichte der Gebirge. Anschaulich stellt er dar, wie die Geowissenschaftler die Prozesse der Gebirgsbildung untersuchen, um Aufstieg und Fall von ganzen Gebirgszügen zu entschlüsseln. Die maßgeblichen Prozesse (Konvektion des Erdmantels, Plattenkollision usw.) werden gut verständlich erläutert.

"Berge und Gebirge" ist ein didaktisch sehr gelungenes Buch, dem bisher im deutschen Sprachraum nichts Vergleichbares entgegensteht.

Es wendet sich an alle Geowissenschaftler (Geologen, Geographen, Geophysiker), Meteorologen, Biologen und Studierende dieser Fächer, alle Natur- und Bergfreunde sowie interessierte Laien. Die deutsche Übersetzung schrieb der Würzburger Geologe Prof. Dr. Herbert Voßmerbäumer.

E. Schweizerbart´sche Verlagsbuchhandlung (Nägele u. Obermiller) · Stuttgart

www.schweizerbart.de   order@schweizerbart.de   Tel. +49 (0)711 351456-0   Fax +49 (0)711 351456-99

Zeugen der Erdgeschichte

Senckenberg-Buch 75

Hrsg.: U. Jansen, P. Königshof, F.F. Steininger
2002. 97 S., 194 Abb., durchgehend vierfarbig, geb. 24 x 28 cm.
ISBN 3-510-61336-8, € 39,80

Anlässlich des Jahrs der Geowissenschaften 2002 erschien dieses durchweg farbig illustrierte Werk, versehen mit einem attraktiven und sehr stabilen Hardcover-Einband. Das Buch wurde als Reiseführer konzipiert, der zum Museumsbesuch anregen soll. Die Herausgeber vom Naturmuseum Senckenberg in Frankfurt/Main haben dazu Museen in ganz Deutschland zu einer Beteiligung an diesem Buch angeschrieben. Insgesamt 48 Naturkundemuseen oder Museen mit Fossilienausstellung stellen sich auf jeweils zwei gegenüberliegenden Seiten graphisch ansprechend gestaltet vor. Eine Seite ist zunächst allgemeinen Hinweisen, wie Anschriften und Internet-Adressen, Lageplänen oder Wegbeschreibungen, Eintrittspreisen und Öffnungszeiten sowie der Möglichkeit zu Führungen gewidmet. Ergänzend finden sich Informationen zur Geschichte der Institution und über deren paläontologische Sammlungsschwerpunkte. Auf der gegenüberliegenden Seite sind meistens mehrere schöne Fossilien bzw. Einblicke in die Ausstellung der jeweiligen Institution abgebildet.

Eine Deutschlandkarte im vorderen Teil des Buchs gibt eine rasche Übersicht über die in diesem Führer enthaltenen Museen. Naturgemäß sind die beschriebenen Museen nicht gleichmäßig auf die Bundesländer verteilt. Ihre Anzahl ist wie folgt: Baden-Württemberg: 10; Nordrhein-Westfalen: 7; Bayern, Sachsen-Anhalt: je 6; Sachsen: 5; Niedersachsen: 4; Rheinland-Pfalz: 3, Berlin, Brandenburg, Saarland: je 1.

Die hervorragende Ausstattung des Buchs rechtfertigt zweifellos den Preis und macht es für einen naturwissenschaftlich interessierten Leserkreis attraktiv und anschaffenswert, da man einen wirklich schönen Überblick über die paläontologischen Schätze in deutschen Museen erhält.

E. Schweizerbart´sche Verlagsbuchhandlung
(Nägele u. Obermiller) · Stuttgart

www.schweizerbart.de order@schweizerbart.de Tel. +49 (0)711 351456-0 Fax +49 (0)711 351456-99